MULTIPLE CAREERS, ADDRESSES and SOURCES of INCOME.

複数の人生を実現する！

マルチプル超勉強法

人生100年時代のキャリアの作り方

井上裕之
HIROYUKI INOUE

冬至書房

はじめに

1つのキャリア、1つの仕事、1つの肩書きでは通用しない時代

人生100年時代と言われています。

現在、日本人の平均寿命は、女性が約87歳、男性が約81歳です（2017年度調べ）。終戦間もない1947年は、女性が約53歳、男性約50歳。戦後70年の間に、日本人はおよそ30年、長く生きるようになったわけです。

1990年の平均寿命が、女性は約82歳、男性が約76歳。27年で6歳も寿命が延びたことになります。この調子でいけば、**おそらく2050年か2060年には、平均寿命が100歳を超える計算になるでしょう。**

現にあなたの周りを見ても、祖父母が、すでに100歳を超えているという方はかなり多いかもしれません。

ひょっとしたら100年どころか、120年くらい生きる人もどんどん出てくるかもしれません。

そこで考える必要があるのは、「どう生きるか」「どう働くか」というテーマです。

なぜなら、100年以上生きるのであれば、当然、生きるために収入を得る必要があるからです。

また、よく言われることですが、今後は「1つのキャリア、1つの仕事、1つの肩書き」では一生食べていくことはできません。

さらに、AIによって多くの仕事が奪われていくとも予想されています。

つまり、人生100年時代に「どう生きるか」「どう働くか」と考えたときに、複数のキャリア、複数の仕事、複数の肩書きを持つ必要があるのです。

歯科医師、経営者、ベストセラー作家、講演家

私は、北海道の帯広で歯科医院を経営している現役の歯科医師、井上裕之です。

処女作『自分で奇跡を起こす方法』（フォレスト出版）という書籍を上梓して、10年が経ちました。

お陰さまで著作の累計発行部数は、130万部を超えています。

歯科医師として、患者様の治療にあたる一方で、潜在意識の専門家として、セミナーで講演することも多く、日本中をかけめぐっています。

つまり、**私は歯科医師、経営者、ベストセラー作家、講演家の４つの肩書きを持ち、東京、北海道を毎週行き来しているのです。**

「精力的に仕事をしているのはどうしてですか？」

と尋ねられることが多いのですが、人生１００年時代と言われ、一生現役で働くのだから、精力的に仕事やプライベートを楽しまないで、どうするのですか？　と私が質問を返したいといつも思っていました。

多くの人生が１００年以上続くであろうことは、医学の進歩を考えても科学の発展を考えても、まず間違いないでしょう。

ということは、あなたも本格的に２つめのキャリア、２つめの仕事、２つめの肩書きを持つ準備をする必要があり、もっと言えば、３つめのキャリア、３つめの仕事、３つめの肩書きをも視野に入れていくべきなのです。

人生100年時代は幸福か？

ここで少し考えてみてください。人生100年とはよいことなのでしょうか。寿命が延びている事実だけを取り上げれば、それは確かに素晴らしいことかもしれません。

でも、少し待ってほしいのです。

人生が100年時代になったことは、はたしてあなたにとって、本当に諸手《もろて》をあげて喜べるくらい素晴らしいことでしょうか？

あなたは100年の人生を、ずっと幸福なまま過ごし、心から満足のいく最期を迎えられる自信がありますか？

おそらく多くの人にとっては不幸と言っていいでしょう。なぜなら、1つのキャリア、1つの仕事、1つの肩書きの人ばかりだからです。そのままでいると、よほど成功していない限り、貧しい老後になるでしょう。日本は人口も減り、国力も落ちることから、国自体も貧しくなるのは確実です。

だからこそ、いまから備えておく必要があるのです。

複数の人生を生きる勉強法

多くの方は、現段階でのキャリアは1つだと思います。

私たちは日本の教育課程で、「1つのことを続けることが正しい」と教わってきました。でも、本当にそれでよいのか？　私は常々、疑問でした。

私が複数のキャリアを持ち、複数の仕事やプロジェクトを抱え、複数の肩書きを持つことができたのは学び続けてきたからです。ただ、先ほども書いた通り、決して時間に余裕のある生き方をしていません。

あるとき、親しい編集者から、

「井上さんはどうやって学んでいるのですか？」

という質問をもらいました。確かに、これまで70冊近くの本を書いてきましたが、きちんと勉強法をまとめたことはありませんでした。

そこで本書では、私がやってきた勉強法について書いています。

私が提唱する「マルチプル超勉強法」は、多様性が重視される時代に、多様な仕事をすることで、一生食べていくことに困らず、どんな時代でも生き残っていく方法とも言えます。

これからの時代には、「何を学ぶか」「どう学ぶか」が重要になってきます。

もちろん、時間の使い方も重要になってきます。私の場合は、「速聴」を利用して、短時間で多くの勉強ができるようにしています（詳しくは本文にて）。

かの有名なレオナルド・ダ・ヴィンチも、芸術家であり、発明家であり、医師でありました。彼は、天才ですが、中世ヨーロッパで「マルチプルの専門家」として、すでに名を馳《は》せていたのです。

日本では、江戸時代に活躍した平賀源内がいます。地質学者であり、医師であり、発明家、もっと肩書きはたくさんあります。

近代では、医師であり作家であった森鷗外には、官僚という肩書きもありました。

マルチプルな人生を送っている人は、ごくごくわずかですが、昔からいました。

昔の人々にもマルチプルな生き方ができていたのに、私たちにできないことはありません。

これからは、誰もがフェアに幸せになれる時代がやってきます。

本書を参考に、「マルチプル超勉強法」を学び、自分のものにして、実践してください。

幸せな100年時代の人生を送りましょう。

井上　裕之

第1章　人生100年時代に必要なこと

第2章　誰もがフェア！エリートに勝つ方法

第3章　年収アップ！人間関係の作り方

第４章　大人がハマる「マルチプル超勉強法」

第5章　人生を変える！最後のチャンス

編集協力　中川賀央
　　　　　宮内あすか
DTP　株式会社システムタンク

第1章

人生100年時代に必要なこと

100年の人生、ずっと幸せでいられますか？

１００年続く人生について、あなたはどのくらい具体的にイメージしているでしょうか？

たとえば、あなたがすでに60代、70代という年齢ならば、「これからどうするか」という問題は、すでに切羽詰まったものになっているかもしれません。

おそらく、本書を手に取ってくださったあなたは、20代、30代、40代という、人生の中でも「いま」が最も忙しい時期を過ごしているでしょう。

「これから何十年も先のことなど、真剣に考えている余裕はない」というのが、実際のところではないでしょうか。

でも、**そんな思考停止は現在、「リスクの高いこと」になっている**のです。

ここで考えてみてください。

人生が１００年ということは、たとえば65歳で定年を迎えたとしても、あと35年の残り時間があります。

その35年を、あなたは一体、どのように生きていくつもりでしょうか？

「年金で悠々自適に生きていきます！」

日本で暮らしている私たちは、もうそんな幻想には踊らされませんよね。

現在の日本において、厚生年金でもらえる金額の平均は、月々14万円くらいだとのこと。

これから10年先、20年先を考えると、日本は高齢化が進み、ますます少なくなる若年層が、増えていく高齢者の年金を支える構造になります。

そんな状況で、あなたが想像している〝悠々自適〟を満たすくらいの収入が、引退したあとではたして確保できるでしょうか？

アメリカでの試算ですが、『ＬＩＦＥ　ＳＩＦＴ（ライフ・シフト）』（リンダ・グラットンほか著、東洋経済新報社）によると、65歳で引退する場合、最終所得の50パーセント相当の老後資金を毎年確保したいなら、年間所得の17～25パーセントを若いころからずっと貯蓄する必要があるとのことです。

頑張って生活を切りつめ、それだけの貯蓄をしている人ならば、人生100年も安泰かもしれません。

でも、そうでない人はどうしたらいいのでしょうか?


歳をとっても元気な人というのは、最近よくメディアでも取り上げられます。

マラソンやトライアスロンなどのスポーツをしていたり、あるいは世界中を旅していたり、歳をとってから大学に入り直したりして、第二の人生を優雅に過ごしている人は大勢います。

ただ忘れてはいけないのは、そうした〝人生を満喫しているお年寄り〟がいる一方で、もっと多くのお年寄りが「所得格差」に苦しんでいることです。

元気なお年寄りと違って、表にはあまり出てきませんから、話題になることも少ないかもしれません。

でも、4畳半一間の小さな部屋で生活して介護を受けていたり、あるいは面会者がほとんど来ない施設で、寝たきりになっていたりする人たちもいます。

その中には、現役時代は大手企業に勤めていたり、あるいは弁護士や医師であったり、芸能界のような華やかな世界にいた人も含まれているのです。

いまが幸せで楽しいことも大事ですが、何の備えもしていないと、数十年後、あなたがそのような厳しい状態に陥る可能性もあるのです。

自分は絶対にそうならないと、あなたは自信を持って言い切ることができるでしょうか？

では、どうしたらいいのでしょうか？

65歳を過ぎても、生涯現役で仕事を続ければいいのでしょうか？

その通りです。

でも、少し待ってください。

そもそも65歳を過ぎても、会社はあなたを雇い続けてくれるのでしょうか？

あなたの仕事は用意されているのでしょうか？

間違いなくこれからは、安泰ではない時代がやってくるのです。

常識はつねに変化する

「定年後も、自分は仕事をするぞ！」

「生涯、現役でいよう！」

65歳で定年を迎えるとして、いくら十分な蓄えがあったとしても、ご隠居さんのように何もしないで生きるのは、あまりに退屈な気もします。

収入も得たいし、世の中に貢献しているという実感も持っていたい。

70代や80代になっても活躍している経営者や作家、あるいはアーティストたちを見れば、やはり仕事を続けていきたいと大勢の人が思うでしょう。

問題は会社を退いたあと、自分にできる仕事が、はたして世の中に用意されているかどうかです。

「会社がきちんと、定年後の仕事を提供してくれるはず……」

よほどの大企業の重役クラス、あるいは官僚であれば、天下り先のような次の就職先があるのかもしれません。

けれどもご承知の通り、そういう優遇はどんどん少なくなっています。あるとしても、ごくわずかな高いポジションにつけた人だけです。

それならば自分のスキルを生かし、他の仕事を見つければいいのではないか？

はたして将来において、すんなりと仕事が見つかるほど、自分のスキルはビジネス市場に通用しうるのか？

じつはそのくらい、現在のビジネス環境は、激変しつつあります。

そのキーワードは**「ＡＩ」と「ＧＡＦＡ」**です。

あなたは、この２つの言葉を聞いたことがあるでしょうか？


「ＡＩ」というのは「Artificial Intelligence」の略語で、ご存じの通り、「人工知能」のことです。

人工知能は、コンピュータが人間のように、自分で考えて何かを実行するように組んだプログラムのことです。

必ずしも鉄腕アトムやドラえもんのようなロボットの形をしているわけではありません。

これからあらゆる単純な仕事は、すべてＡＩに置き換えられていくと言われています。

現在でも部分的に導入されているＡＩですが、今後は工場での作業が完全にオートメーションに置き換えられ、受付業務などもテクノロジーが代行する。そんな状況を想像している方も世の中にはいるでしょう。

でも、**ＡＩが世の中を変えていくレベルは、それほど生易しいものではありません。**

人間にできて、ＡＩにはできない仕事には、一体どんなものがあるでしょうか？

これは、かなり難しい問題です。

たとえば「医師」の仕事をＡＩが行うケースを考えてみましょう。

病院に行くと問診票を書く代わりに、ＡＩがさまざまな質問をしてくれます。そして、ＡＩが立ったまま手を伸ばしてグルッと1回転すると、その間にＣＴスキャンであっという間に検査をしてくれます。

そしてＡＩの医師が的確な診察をして、自動的に薬の処方はもちろん、場合によっては高度な手術まで行ってしまうのです。

世の中には素晴らしい医師が大勢いますが、そうでない医師ももちろんいます。いつも混雑していて、診察までにやたらと時間がかかる病院もあります。

そういう病院とＡＩの病院を比べたとき、あなただったら、一体どちらを選ぶでしょうか？

かつて駅に磁気の読み取りによる自動改札機を導入する案が出た際、「駅員がいなくなると、皆が混乱してしまうのではないか？」と多くの人が危惧しました。

「結局は皆、駅員がいる改札に行くのではないか？」と。

でも、十数年が経った現在、世の中はどうなっているでしょうか？

すべての改札に駅員がいて、切符を切っていた光景を、もはや思い出せない方も多いのではないかと思います。

ＡＩも同じように、導入されればあっという間に、それが世の中の常識になってしまうでしょう。

AIがあらゆる仕事を「淘汰」する

けれども「医師」という仕事を考えたとき、やはりそこには機械にはできない部分があるのではないか？

たとえば親身になって健康についての相談に乗ってくれたり、「痛いでしょう、大丈夫ですか」と慰めてくれたり。

いくらコンピュータの画面が親切に話してくれても、医師が言葉や態度で癒してくれるのには敵わないのではないか？

確かにコンピュータの画面や、自動音声に向かって話しかけるのであれば、やはり私たちには抵抗感が芽生えるでしょう。

でも、相手が可愛らしい造形のロボットや、ゆるキャラのようなマスコットだったら、どうでしょうか？

あるいは本当に人間と見間違えてしまうくらいの、精巧なアンドロイドだったらどうでしょう？

さらに**ＡＩは、過去のあなたのデータすべてにアクセスし、あなたの嗜好や人間関係のデータをもとに、あなたに最も信頼感を与えるような口調で話しかけてくれます。**

「以前に診察を受けたときの、こういう生活習慣は、現状でどのくらい改善されましたか？」

「仕事は相変わらず忙しいのですか？　以前は人間関係のストレスも抱えているようでしたが……」

「子供のころに、こんな大病をされているのですね。後遺症などはありませんか？」

人間の医師であれば、決してそこまで調べないような、あなたに関する細かいデータを拾ってくる。

データ解析によって、最もあなたに伝わりやすい言葉で、あなたに合わせた応対をしてくれる。

そんなことができるようになった時代に、あなたは「人間の医師」と「ＡＩの医師」

を比べ、どちらが優秀だと思うでしょうか？

弁護士に税理士に事務関係、それに加え営業など、いまやあらゆる仕事でＡＩは優秀な仕事をするだろうと言われています。

それどころか、「文章を書く、音楽をつくる、絵を描く」ことまで、すでにＡＩは実現しているのです。

ＡＩがつくった曲と人間がつくった曲、「どちらが好きか」についてアンケートをとったら、多くの人が、ＡＩがつくったものと知らずに、ＡＩの曲を選んだという話もあります。

将棋の棋士やチェスのプロでも、すでにＡＩに負けるケースが出てきてしまいました。

あなたは将来もずっと、ＡＩに負けない仕事をし続ける自信がありますか？

世の中を激変させる「GAFA」のルール

ＡＩに対し、「ＧＡＦＡ」という用語は、本書で初めて知ったという方もいるかもしれません。

この言葉は、『ｔｈｅ ｆｏｕｒ ＧＡＦＡ～四騎士が造り変えた世界』（スコット・ギャロウェイ著、東洋経済新報社）という本で話題になりました。

ＧＡＦＡとは、要するに、現代を代表する、４つのＩＴ企業の頭文字をつなげたものです。

G……グーグル
A……アップル
F……フェイスブック
A……アマゾン

いずれもアメリカの会社です。

とはいえ、検索エンジンのグーグルに、パソコンやiPhoneのメーカーであるアップルに、SNSのフェイスブックとネット通販のアマゾンですから、4つの企業はそれぞれ性格が異なるように見えます。

ただ4つの会社に共通するのは、まず**「情報」を制することによって、他の企業を圧倒してしまっている**ということ。

おそらくビジネスパーソンであれば、この4つの会社のサービスをすべて利用せざるをえなくなっているという方が、ほとんどではないでしょうか。

それほど日本国民全般の生活に浸透してしまった会社が、はたして日本企業にいままであったかと言えば疑問です。

その上、この4つの会社は、ビジネスのルールを一新してしまいました。この先のビジネスでは、私たちはこの4つの会社のつくったルールを意識せざるをえないでしょう。

いちばんわかりやすいのは、アマゾンでしょう。

私も多くの本を、アマゾンで購入しています。すると、アマゾンはその情報を管理し、私が買った本の傾向に合わせて、次々と「おすすめの本」の情報をメールで送ってきます。

便利なものだから、ついついアマゾンの誘いに乗せられて、勧められたものを買ってしまう。

すると日常の商品を、私たちは自分で選んで買っているのか、アマゾンに買わされているのか、だんだんとわからなくなっていくのです。

そんなふうにアマゾンに皆が依存すると、たとえば新しい本を出版したときも、アマゾンをマーケティングの中心に据えざるをえなくなっていきます。

アマゾンの販売ランキングを上げるために、ここで買ってもらうことを推奨し、コメントをぜひ書いてほしいとお願いする。

こうしてアマゾンに皆が集中する中で、既存の書店が次々と苦境に立たされることになってしまったわけです。

同じようにして、アマゾンは音楽業界を破壊し、レンタルＤＶＤの業界を破壊し、その他の商品の流通にも大きく食い込んでしまっています。

販売を仕事にするたくさんの人たちが仕事を奪われる中で、アマゾンはほとんどロボット化した倉庫で商品を管理し、配送にもドローンや無人車を使って、ますます少数効率化を目指そうとしているわけです。

こうした傾向は、他の3社にも共通していえます。

とくにグーグルやフェイスブックは、少数の人間だけで十分に成り立つビジネスモデルでしょう。

そんなふうに仕事が一極化しつつある未来に、あなたが新しい仕事を確立する余地が残っているのでしょうか?

大人の学び直し「マルチプル超勉強法」

人生１００年時代ということで、少し暗い話が続いてしまいました。

でも、**いま本書を手に取ってくださっているあなたは、何も心配する必要はありません。**

なぜなら、人生１００年を最期まで幸せに生きるための知識を、これから私が述べていくからです。

ＡＩやＧＡＦＡのようなモデルによって変革される世界は、必ずしも人生１００年時代に多くの人が生涯豊かでいられる可能性を、提供するものではありません。

科学の進歩によって延びていく人生は、長きにわたって過酷な現実を多くの人に見せつけることになる恐れもあります。

それでも、「備え」と「対策」さえ知れば、まったく問題はないのです。

人は誰でも自分次第で、科学の恩恵によって長くなった人生を、そのまま長く続く幸福な生活に置き換えることができるのです。

かつて古代中国に生きた秦《しん》の始皇帝は、世界中に人を派遣して、永遠に生きる方法（不老不死の薬）を探させました。

始皇帝はもちろん、夢を叶えることはできず、現代の私たちもさすがに永遠に生きることはできません。

けれども始皇帝の望みに近い、当時では考えられなかったほどの長く幸福な人生を満喫できるのです。

これは、ものすごく素晴らしいことだと思いませんか？

それでは、どうすれば私たちは１００年の人生を幸福に生き続けることができるのでしょう。

その方法の１つが本書のテーマ、「マルチプル超勉強法」です。

「マルチプル」とは、すなわち「多様な」「複雑な」という意味です。

つまり「世の中がこうなったから、こういうことをやっていこう」「いまはこの仕事では生計が成り立たないから、こちらの仕事を伸ばしていこう」などと、あらゆる状況に対処しながら、人生をつねに高いレベルへと成長させ続けることです。

それができるなら、ＡＩのような新しい技術や、ＧＡＦＡのような新しいビジネスのルールがいくら世の中を変えたところで、私たちが敗北者になることはありません。

つねに変わっている世の中で「自分のやるべきこと」を見つけ、社会に求められる人として、安泰な人生を送ることができます。

収入はつねに安定、心も体もともに健康。

人間関係にも満たされ、何のストレスもない。

そうであれば間違いなく、70代でも80代でも90代でも、いまと変わらない、あるいはもっと富や満足感にあふれた最高の人生が続いていくのです。

そんな人生を手にできると、あなたは思いますか？

7つのキャリアを持つべき！

「マルチプル超勉強法」によって、具体的に人生はどう変わるのでしょうか？

たとえば私の本職は、歯科医師です。現在は歯科医院の経営者として、若い医師やスタッフを指導したり、病院をマネジメントしたりする仕事が増えていますが、それでも現場に立ち、できるだけ多くの患者様を診《み》るようにしています。

治療をして歯をキレイにするのが好きですし、患者様とコミュニケーションをとるのも好き。できれば一生涯、歯科医師の仕事を続けていくつもりです。

でも、その「歯科医師の仕事」が、この先、20年、30年、40年という歳月が流れ、ＡＩの時代になったときに存続しているのか？

存続すると信じてはいますが、実際のところ、誰も未来を予測できません。

はたして歯科医師という仕事がなくなったとき、私にできる仕事があるのか？

そう考えて、**私は歯科医師という仕事の他に、こうしてビジネス書を書く、作家の**

仕事をしているのです。

正直に言うと、現在の出版業界を考えれば、作家業は歯科医師よりはるかに不安定な仕事かもしれません。

ただ、私は本の内容を軸にして、講演や研修などの活動を広く行っています。こちらはかなり、基盤のしっかりした仕事と言えるでしょう。

でも講師というのも人気商売ですから、将来的な保証はないかもしれない。ならば他に、どんなことができるでしょうか？

たとえば「講師」と「歯科医師」の仕事を合わせて、健康について人に教えるような仕事ができないだろうか。

歯科医院の経営で一応は成功しているのだから、医療機関や健康に関するビジネスをしている会社のコンサルティングはできないだろうか。

講師として人前で話したり、患者様とも1対1で接したりしているのだから、コミュニケーションに関する仕事はできないだろうか。

ＡＩやロボットが接客や営業に進出してくるのだとしたら、ひょっとすると将来は彼らに、コミュニケーションの土台を教えこむ仕事も考えられるかもしれません。

アメリカではすでに、人生100年を安泰に過ごしていくためには、「キャリアを7つくらい持つべきだ」とも言われています。

そんなふうに1つではなく、たくさんの選択肢を自分の中から引き出せる生き方が、「マルチプルライフ」なのです。

ただ、そのためには当然、「勉強して、それができる可能性を自分の中につくっておく」ということが必要になります。

実際に、私は何も努力をせずに自己啓発の本が書けるようになったのではありません。

歯科医師としてより高いレベルの仕事ができるように、あるいは人生の中で遭遇した困難を乗り越えるため、たくさんの本を読み、読んだことを何度も実践し、失敗しては検証し、それを自分の理論として落としこんできたから、やがて本が書けるようになったのです。

けれども、それだけではまだ足りません。

出版やセミナーなど、かつて自分が体験しなかった新しいジャンルへ踏み出していくには、そのための新しい人間関係も必要になります。

自分が所属している会社の人間関係の枠にとどまっている限り、「マルチプル」は決して実現できないでしょう。

しかし、それでもまだ不足があります。

せっかくたくさんの可能性をつくり、あらゆる分野に及ぶ豊富な人的ネットワークを持ったけれども、歳をとり肝心の自分が歩くことすらできなくなってしまっては、意味がありません。

人生１００年の時代、80代、90代でも衰えず、生涯現役であり続けたいと思ったら、それに相応《ふさわ》しい肉体をつくっておく必要もある。

実際、先に述べたように日本人の平均寿命は80歳を超え、とても長生きにはなりましたが、じつはすでに認知症になっていたり、寝たきりで好きなことができなくなったりしているお年寄りも多いのです。

そうならないためには、若いうちから健康について正しい知識を学び、必要な習慣を厳しく自分に課していかなければなりません。

必要なことは、まだあります。

質の高い知識を学び、質の高い人間関係をつくっていくなら、「お金」に関しても、正しい知識を身につけていかなければいけません。

自分のキャッシュフローを管理し、必要な自己投資をきちんと行い、確実なリターンを獲得していく。そうでないと、生涯にわたって高みへと登り続けていく、幸福な100年は実現できないでしょう。

必要なのは小手先のビジネススキルではなく、もっと本質的な学びであり、まさに自分自身の「人間力」を高めるための勉強です。

「マルチプル超勉強法」とは、こうしたすべての学びを効率よく行いながら、自分自身の可能性を高めていく勉強のこと。

だからこそ、未来にどんな想定外のことが起こったとしても、あなたにとって役立つものとなります。

21世紀の「リスク」を正しく理解する

ビジネススキルや自己啓発的な勉強にいそしんできた方は、「人間力を身につける勉強」と聞くと、あまりにハードルが高いと感じるかもしれません。

本書を手に取ってくださったあなたには、現状を厳しく考えてほしいのです。

あなたは、世の中の大多数の人に比べたら「勉強家」の域に入ると思います。私が講師を務めるセミナーに参加くださっている方々もそうでしょう。

皆、向上心があり、自分を高めることの価値を知っている。おそらくは普通の人より、一歩進んだ、優位なところにいます。

だからこそ、「リスク」についても正しく認識してほしいのです。

たとえば、ビジネス書を多く読む方は、「いま自分が向き合っている仕事」について前向きに考え、「現状の課題を解決しよう」「より稼げる人間になりたい」と真剣に考えているでしょう。

けれども人生１００年時代を考えれば、「いま自分が向上させようとしている仕事」や「地位を高め、より高い収入を確保しようとしている会社」が、はたして存続するかどうかもわからないのです。

そう考えたときに、「目の前の問題にばかり集中すること」と「将来に備えておくこと」とで、本当に優先すべきはどちらでしょうか？

あなたが仕事のスキルを上げて、収入を増やしたとしても、「そのスキルが通用しなくなる時代」になったら、すべてがご破算になるのです。

そのリスクを考えたら、**もっと広く「どこでも通用する普遍的な学び」を考える必要があります。**

自己啓発に熱心な方も同じで、とくにスピリチュアルな知識を多く身につけた方は、人生におけるリスクのような〝ネガティブなこと〟を、なるべく考えないようにする傾向にあります。

「人生うまくいく！」と信じてさえいれば、必ず人生うまくいく！　と。

楽観的であることはいいのですが、そもそも人間の潜在意識は、「こうなりたい」

という願望に対して、必要な知識や情報を吸収していくものです。

ですから人生におけるリスクを踏まえた上で、「こんな自分をつくっていきたい」というハッキリした未来像を描いていなければ、願望が実現することなどありえません。

「リスクを避ける」ということは、決してネガティブなことなどではなく、将来をよりよくするための「戦略」です。

とある有名な経営者は、成功し、会社を大きくしたあとでも、いつも会社が倒産する悪夢に悩まされたと言います。

そこまでストレスを抱えるのも問題でしょうが、心配性の経営者ほどうまくいくのが現実なのです。

将来に起こりうるたくさんのリスクを考え、それらすべてを乗り越えるための戦略を立てられれば、人生はある程度成功が約束されたものになります。

多くの人は可能性だけ考えて、リスクに対する掘り下げが、ものすごく甘いようです。

まずは、そんな甘い思考習慣を、ここで修正してしまいましょう。

10年後の1000万円に、あなたは投資しますか？

「いま100万円を出せば、明日には120万円になる」と言われれば、皆喜んでお金を出します。

ところが、「いま100万円を投資すれば、10年後に1000万円になる」と言われても、ほとんどの人は反応しません。そのくらい「遠い未来のこと」に関して、人は鈍感です。

私は歯科医師ですから、歳をとってから歯を失ってしまうことのリスクを、よく人に説くことがあります。

80歳になっても丈夫な歯を持ち、ステーキやお煎餅《せんべい》など歯応えがあって美味しいものをずっと食べ続けられる人生。一方で、歯がほとんど失われてしまい、軟らかいものしか食べられなくなってしまった人生。

それだけで晩年の満足度には、何倍も差がついてしまいます。

言われれば当然のことなのですが、それでも多くの人は、虫歯などが痛くなって治療が必要な段階にならないと、歯科医院には来ません。

目の前にある小さな問題には皆急いで対処するのですが、将来に起こる大きなリスクは、なかなか現実的な課題としてとらえにくいのです。


しかし、将来に起こる大きなリスクは、気づいたら目の前にある大きな問題になっています。

たとえば、災害などで空港の機能が停止してしまうこと。私も帯広の歯科医院を先の大地震の影響で休みましたが、この地震では街全体が停電してしまったのです。

その可能性は以前より指摘されていたことです。

それなのに「まだそのリスクは起こらないだろう」と、対処を怠っていたために、結局は大きな問題を引き起こしてしまいました。

ビジネスパーソンとして大成功した人でも、将来的なビジョンは、あまり認識していないものです。

コダック（イーストマン・コダック社）と言えば、かつての写真フィルムの大手企業で、デジタルカメラも真っ先に開発した会社です。

モトローラといえば、かつての通信の大手企業で、携帯電話を真っ先に開発した会社です。

ところが両社とも、没落してしまいました。

開発した当事者でありながら、「デジタルカメラがフィルムを淘汰してしまう未来」や「携帯電話が固定電話を凌駕《りょうが》してしまう時代」を、まったく想定できなかったわけです。

ところが、コダックのライバル企業の富士フイルムは、10年以上前から化粧品の開発をしています。もちろん、試行錯誤を重ね、化粧品が完成するまでに多大な費用と時間を投資したと思います。

でも、ご存じの通り、富士フイルムは大手企業として、いまも君臨しているのです。

結果論ですが、この成功例を無視することは愚行と言えるでしょう。

人間力が不足した大成功者に学べ！

ビジネスのリスク管理だけでなく、**「人間力を磨けなかった」というのも、人生を通じてみれば大きなリスクになりえます。**

アメリカの自動車王、ヘンリー・フォードといえば、誰もが知っている人物でしょう。「T型フォード」という大衆車を開発し、〝自動車業界〟そのものを創造した大成功者です。数々の名言を残し、私も彼の本を読んで多くの考え方を学びました。

しかし、彼の晩年について、あなたはご存じでしょうか？

望む限りの成功を手にしたはずのフォードなのに、彼は75歳のときに大病を患ってしまいます。

病気ですっかり気弱になってしまった彼は、「周りの人間が自分の成功を奪おうとしている」という極端な猜疑《さいぎ》心に苛《さいな》まれることになりました。

そして疑心暗鬼になり、多くの友人を責めたて、信頼できる社員を次々と解雇してしまい、会社の業績は、どんどん悪くなりました。

しかもフォードが後継者として選んだ息子は、毎日のように父親に罵倒され、やがて体調をくずし、若くしてがんで亡くなってしまったのです。

家族にも、友人にも、また自身がつくった会社からも見放された彼は、事実上の追放処分を受けてしまいます。亡くなったのはその2年後で、大成功者の85歳の人生の最期は、あまりにも辛いものになってしまいました。

仮にフォードに「人間力」があったら、どうなっていたでしょうか？

実績を積み重ねてきた人物です。**経営ノウハウ、成功するために必要なこと、困難の乗り越え方、プライベートの過ごし方など、次の世代に伝えるべきことはたくさんあったはずです。**

むしろ若い人たちが、「教えてほしい」と群がってくるはずです。

ところが、実際はそうならなかったのです。

これはフォードに限った話ではありません。

会社では役員レベルまで上りつめながらも、家に帰れば、家族の関係はバラバラ。プライベートで信頼できる人はいない。決して「幸せ」とは言えない人生を過ごしている人は大勢います。

また、なんとか念願のポストを獲得し、会社でも相当に高い地位にはいるけれど、健康に多くの問題を抱えている人もいるでしょう。

それでもかつては、会社が責任を持って、老後の人生を支えてくれました。高額の退職金を支給し、定年後に働ける子会社などのポストを用意し、十分な豊かさを享受できるだけの厚生年金を支給してくれる……。

けれども、大企業ですら、いまでは厚遇を保証することが難しい状況になりつつあります。

そんな世の中で、社外のさまざまな人々に応援され、家族もしっかりとメンタル面を支えてくれるような環境があることは、満足のいく人生を生き抜くために必須の要素となります。

「人間力を磨いてこなかったこと」は、人生１００年時代に、それだけリスクのある生き方にもなりうることを、あなたにはよく認識しておいてほしいのです。

「能力」ではなく「自分の価値」を高める

しかし人間力を身につける勉強をすると言っても、具体的には、一体どんなことを学べばいいのでしょうか？

後の章で詳しく述べていきますが、基本的なことを言えば、人を介することによって、感情や創造性を生かした勉強をしていくこと。

知識を増やして、能力を高めるのでなく、自分の価値を高めていくことです。

一見、すぐにお金を生み出すようには見えないかもしれません。

しかし結果的にお金を生み出す可能性や知恵は、確実にあるのです。

そのことを象徴的に示す、たとえ話をご紹介しましょう。

ある男が99頭の牛を飼っていました。あと1頭増やせば、100頭になります。

そこで、なんとか100頭にしようと、友人のところに行って、頼みました。

「お金に困っているんだ。どうか牛を1頭、ゆずってはもらえないだろうか？」

友人も決して裕福なわけではありませんが、困っている友のためです。

「いいよ。僕のほうは余っているから、この1頭を持っていっていいよ」

こうしてその男は、１００頭の牛を揃えることができました。

でも、それで男の人生は満足のいくものになったのでしょうか？

そうはなりません。１００頭を手に入れたあと、彼は「牛を１５０頭にできないか？」と考え始めます。

そしてまた別の友人のところに行き、少しでも牛を増やすために、嘘《うそ》をついて「牛をくれないか」とねだり続けます。

これではいつまでも満足することがないし、やがては信用を失ってしまいます。

その一方で、かつて1頭の牛を提供した友人は、「困った友達を助けられてよかったな」と、心を満たすことができているわけです。

この話と同じように、「いまの能力では足りない」と、新しい知識を必死に学び続けている人がいます。

ところが学んでも学んでも、つねに「自分に足りないもの」が出てきてしまう。だから満足できないし、学び続けても何の価値も生み出せません。

それよりもっと想像力を働かせ、「いまの自分にできること」を具体的な行動で実践していくことです。

たとえば会社をリタイアした人であれば、「教えたら役立ててもらえそうだな」という人に、無料でもいいから「自分が持っているマネジメントの知識」を提供してみる。その結果、今度は「あなたのマネジメントの知識を、ネットで提供するサイトをつくりませんか？」と提案され、新しい可能性に発展していくかもしれません。

逆に若い人であれば、誰か自分が憧れる人を師と仰ぎ、その人に対して自分ができることをどんどん提案してみる。その結果、「こんなことをやってみない？」と、新たなチャンスにめぐりあえるかもしれません。

どんなにＡＩが発展しても、こうした新しいチャンスをつくることはできないし、新しい仕事を生み出すこともできません。

感情と創造性は、やはり人間のみの専売特許なのです。

それを生かせる限り、人生１００年時代にどんな未来が待っていたとしても、必ず自分が輝く可能性を見出せると私は思います。

マルチプルライフへシフトする

私のセミナーに来ている方々を見ると、マルチプルライフに向かって動き始めているのは、むしろ高齢の方のほうが目立ちます。

たとえば、ある方は、60代から書道を習い始め、とうとう全国で個展を開催するレベルにまで自分を高めました。

その傍ら、相田みつをさんのように、人を元気にするメッセージを書いた作品を集め、『笑ってごらん』という本を出版し、若い人を啓発する活動をしていこうと頑張っていらっしゃいます。

また、ある70歳の女性は、補正下着の販売を始め、トップクラスの成績を誇るまでになりました。

じつは彼女は、大腸がんを患い闘病生活をしていたのですが、元気になった現在は、人に勇気を与える仕事も目指そうと熱心に勉強をしています。

けれどもマルチプルライフを実現し、時代の変化をチャンスに変えられる余地が大きいのは、やはり若い世代の人たちなのです。

いまの固定観念に縛られず、将来を見据えて、学び方を変えていく必要があります。

あなたがいまやるべきことは、まず自分の慣れ親しんできた世界の概念を一変させることでしょう。

本書ではこれから、複数のキャリアのつくり方や人的ネットワークのつくり方、具体的な勉強法、お金や健康についての考え方など、さまざまな角度からマルチプルライフをつくるコツを述べていきます。

１００年で遭遇する可能性のあるリスクに、若いうちから備えることで、人生はより充実するでしょう。

ぜひ「目先のこと」に囚われず、いままで考えてこなかった長い先の未来を想定して読んでください。

第2章

誰もがフェア！エリートに勝つ方法

勉強に対する意識の差は「健康」に現われる

人生において、どれほど勉強することが大切なのか。

あなたは、その意義を考えたことがあるでしょうか？

そもそも日本においては、「勉強とは、学生がやるものだ」という固定観念があります。

その点では、「勉強法」と銘を打った本書を手に取っているあなたは、むしろ少数派でしょう。勉強会やセミナーに行って、社会人になっても学びを得ようとしている方も同じです。

多くの人は大学受験が終わり、社会人として会社に就職したら、「もう勉強は終わり」で、自分に必要のないことのように考えてしまっているわけです。

けれども、それは大きな間違いだと思います。

これからやってくるマルチプルライフの時代に限らず、現在の世界でも、人生の最期まで幸福かどうかは、「勉強を習慣づけている人」と「勉強を放棄してしまった人」とでは大きな差がついています。

なぜかと言えば、単純に「情報量」が違うからです。

たとえば、国際的な人や一流の人から話を聞いていれば、世界中のエグゼクティブがどれほど健康管理に熱心かはすぐにわかります。

しかもアメリカに行けば、健康な体をしていないと「自己管理ができていない」とみなされ、ビジネスの能力も疑問視されてしまうわけです。

これは私の専門である歯科の分野でも同じで、よく**日本人については、「歯が汚ければ日本人だと思え」と揶揄《やゆ》されています**。

歯が汚れているのは単に醜いだけでなく、将来におけるリスクも抱えています。だからビジネスパーソンは、それだけで海外では信頼を失う要因になりえます。

日本人には、メインテナンスのために歯科医院に来る人や、ホワイトニングに訪れる人がほとんどいません。

世界基準の勉強をしている人だけが、その必要性に気づいているのです。

健康の定義についても、勉強している人と、そうでない人とでは、まったく違ったものになっています。

ここ数年、重視されてきた健康管理の方法と言えば、「運動の必要性」「糖質の制限」

「活性酸素の除去」「メンタルケアの必要性」「オーガニック食材の推奨」など、目まぐるしく幅広い分野が取り上げられています。

だから勉強をした人は、

「ジョギングでもしたほうがいいな」

「ファーストフードはできるだけ控えよう」

「サプリメントをとったほうがいいな」

「ストレスを溜めないように、ちゃんと休息をとろう」

「健康診断にも行っておこう」

……と、生活習慣を改善するわけです。

自分が尊敬するエグゼクティブがそういう習慣があれば、ますます「真似しよう」と、健康管理に拍車がかかるでしょう。

ところが**情報にうとい人は、「病気をしないために栄養をとりなさい」「太った人はダイエットをしなさい」といった、10年前の偏った健康の常識にずっととどまっているのです。**

だとすると、将来の健康状態に大きな差がつくのも当然です。

変化を求める人が、世の中の変化に耐えられる

１９８０年にＷＨＯ（世界保健機関）が天然痘の根絶宣言を出しました。

非常に致死率の高い病気ですが、じつはイギリスのエドワード・ジェンナーが種痘による治療法を発見したのは、18世紀末のことです。

それなのにどうして、病気の根絶に２００年もの歳月がかかってしまったのでしょうか？

それは未開地域や先住民族の人々に、予防接種を受けさせるのが困難だったからです。

つまり世界の情報に触れる機会が少なかった彼らは、予防接種を勧められると、「血管に液体を注入するなんてとんでもない」「西洋人は我々に毒を盛ろうとしているのではないか」と拒んだわけです。

病気などは神様にお祈りをしていれば、ちゃんと治る……。

彼らの宗教に基づく慣習（祈りを否定しているわけではありません）があったため、

予防接種に応じてもらえず、死者が出る状態を改善することができませんでした。

人生100年時代に備えられない人というのは、こうした保守的な人々と似ているのだと思います。

前章で述べたように、AIが登場し、GAFAのような新しい概念がビジネスを支配する構造になり、すでに5年単位、10年単位で、仕事の常識がまったく変わってしまうような世の中になっているのです。

そんな中で古くさい慣習に縛られていたら、時代や文明を拒否するだけになってしまいます。

そもそも人間というのは、「変化」を嫌う動物です。

これは当然で、原始時代のことを考えれば、「いままでやってこなかったこと」に踏み出すのは、つねに危険と隣り合わせの行為だからです。

たとえば、新しい獲物を求めて、これまで行ったことのない土地に行けば、そこに住む猛獣に出くわすかもしれない。見たことのなかった魚を食べてみれば、下手をすると毒で死んでしまうことだってあるのです。

ならば決まった場所から出ないようにして、決められたものだけを食べるようにするほうがいい。人間が保守的になったのは、より安全に生活をして種族を繁栄させるための、１つの知恵であったのでしょう。

ただし、それは環境がずっとそのままで、「いままで自分たちが知っている世の中が何も変わらない」という前提があってこそ成り立つことです。

環境が変化し、世の中の情勢が変わってきたら、話がまったく変わってしまいます。たとえば気温が変化し、住んでいる森で得られる食べ物が少なくなったら、どうなるでしょう？

そんな状況でもまだ、「外の世界は危険だから」と自分たちが住んでいる場所にとどまっていれば、やがてその部族は滅んでしまいます。

見たことのない魚を食べるのも同じで、乱獲でそれまで食べていた魚の数が極端に減ってしまったとすれば、「見たことがなくても食べられそうなもの」を進んで食べる人々だけが生き残ることになります。

幸いなことに人類の中には、環境が変わると、進んで新天地を求めて旅立つ人がい

ました。食べたことのない食材でも、勇気を持って食べてみる人もいました。

だから人類は世界中にテリトリーを広げ、豊富な食材を知ることができたのです。

「変化の時代」には、そんなふうに「新しいチャレンジ」をしていく人間が勝利します。

つねに「新しい何かはないか?」「もっと面白いものはないか?」と、変化することをむしろ楽しみにするような「好奇心」が必要になるのです。

それこそが、人間がＡＩに勝つためのヒントだと私は感じています。

なぜ効率を求めすぎると失敗するのか？

ビジネス環境が激変している現在も、間違いなく「変化の時代」です。

その点は過去に氷河期のような気候変動が起こって、人類が住む環境を変えなければならなくなった時代と変わりません。

だから私たちは、**「新しい何かはないか？」「もっと面白いものはないか？」**と、つ**ねに周りに対して好奇心を持って臨むようにする必要があります。**

それがマルチプルライフの考え方です。

これまでの仕事の世界は、ずっと「効率第一」で物事が考えられてきました。

この「効率第一」というのは、「目の前の仕事に対する結果を、最速で出すにはどうするか」に終始するということ。確かにそれは当然のことに思えます。

けれどもマルチプルライフの時代になると、もっと広い視野で〝効率〟を考えなければいけません。

たとえば「仕事で大きな成果を出すには、会社の近くに住んだほうがいい」という考え方があります。

そのほうが通勤時間などのムダが省けるし、誰よりも早く会社に行き、誰よりも遅くまで会社に残っていることができるのです。

遅くまで拘束されてもすぐ家に帰れて、文句も言わないので上司や、あるいはその会社の社長や役員にも可愛がられるでしょう。

結果的には出世も早いから、東京の一等地に社屋があったとしても、高い家賃を回収できるわけです。確かにそれはその通りで、正しい考え方だと思います。

でも、私自身はそれとは反対のことをしています。週末には必ず長い時間をかけて、北海道から東京に出かけています。

そうして決まったホテルに泊まり、週末オフィスのように使っています。

むろん東京で講演があったり、セミナーがあったりすれば、北海道から出てくるのは仕方ありません。

でも、打ち合せをするだけなら、いまはスカイプでもいいし、ＳＮＳのやりとりだけでも可能です。

しかも、その打ち合せがないときでも、わざわざ東京に出てくることもある。移動時間を考えれば、これは非効率きわまりない話でしょう。

それでも私は、このライフスタイルで「正解」だと思っています。

はるばる東京に出てくるからこそ学べることは、たくさんあるからです。

街中を歩いて得られる情報もあるし、仕事の関係者、あるいは利用しているジムのトレーナーさんなどから話を聞くだけでも得られることは多くあります。

これは、「情報をインプットする」というだけの話ではありません。

北海道と東京という、まったく異なった環境を往復することで、脳は刺激され、発想の幅も大きく広がるのです。

「北海道の医院で、こんなことをしたらどうだろうか？」

「次に東京へ来たときは、○○さんに会えないだろうか？」

こんなふうに、両方の場所でやりたいことのアイデアが、どんどん生まれてきます。

あなたは、「気分転換に旅行をしたら、そのあとで面白いアイデアが生まれた」という経験をしたことがありませんか？

私の場合は、これを毎週のように繰り返しているのです。従来の自分の枠を超えた発想が、次々と生まれるのも当然だと思います。

先ほどの例のように、会社と家を往復するだけの日常では、効率的ではあっても、新しい変化が起こりえません。

もちろん、通勤時間にもスマホをいじって、毎日コミュニケーションをとっている相手とSNSをしたり、いつもやっているゲームなどをしたりするのでは、「変化」はほとんどないでしょう。

けれども、たまに寄り道をして大勢の人が集まる街を歩いてみたり、まったく行ったことのない施設やお店にふらっと行ってみたりする。

こうした好奇心による気まぐれが、新しい変化を起こすのです。

マルチプルライフに必要なのは、こんな一見〝ムダ〟にも見える行動の数々なのです。

潜在意識にあるものを更新する

私たちの行動を決めているのは、多くの場合、意思や思考の背後にある、膨大な量の潜在意識です。

たとえば、あなたが本書を手に取ったのは、「本屋でそれを選んだ」という決断の結果です。

そもそも「本屋に入ろう」と考えたときから、本が目に入り、タイトルが気になるところまで、潜在意識があなたに働きかけているのです。

潜在意識についての詳細は、過去に私が何冊も本を書いているので、そちらをご覧になっていただくといいでしょう。

「本を読もう」「勉強しよう」と、あなたが思考し、決断する「顕在意識」の部分は、意識の領域のうちの４パーセントくらいです。

ふだん表面に出てこない残りの96パーセントが、潜在意識の占めている部分です。

誰でも「こうなりたい」という強い願望を抱いていれば、潜在意識はそれに従った行動を、顕在意識に働きかけて実行させます。


あなたが本書を手に取ったのも、「世の中が変わっているときに、このままで大丈夫だろうか」「いまの会社にいても将来が不安。でも、これから一体、どんな勉強をすればいいのだろう」という思いが潜在意識にインプットされていたから。

あるいは「井上裕之という人の本を読みたいな」という思いだったかもしれません。

いずれにしろ潜在意識に「こうしたい」とか「こうなりたい」という願いがあるから、私たちは無意識に、それを実現する行動をとるようになるわけです。


この潜在意識は、私たちが人生において、見たり聞いたり、体験したりしてきた、過去の情報によってつくられます。

「今年の冬は寒くなります」という情報を聞き、「そうだ、新しいタイプの温風ヒーターは省エネで熱効率もいいから、冬に備えて買っておこう！」と閃《ひらめ》くのは、ネットやテレビなどでその情報を観ていたり、誰かから「いい暖房器具があるよ」という話を聞いていたりしたから。

逆に言うと、もっと素晴らしい最新式の暖房器具がすでに発売されていたとしても、過去にその情報に触れていない限り、「あれだ！」と閃くことはありえないのです。

どんなアイデアでも、どんな問題の解決法でも、その点は同じ。

「いいアイデアが浮かんだ！」というとき、私たちは潜在意識の中で、いままで自分が記憶してきたさまざまなアイデアを編集し、過去の情報を組み合わせて新しいものをつくっています。

「会社が経営危機を迎えた」という場合でも、**優れた経営者は無意識のうちに、自分が過去において問題を解決した経験や、本で読んだり、誰かの講演で聞いたりしてきた潜在意識下の膨大な情報にアクセスします。**

だからこそ、若手社長より熟練した社長のほうが危機に強く、行き当たりばったりの社長よりも勉強家の社長のほうがうまくいく可能性は高くなります。

これは年齢や学歴の問題ではなく、単にストックしている情報が多いからに過ぎません。ベテランの域に達していても、ただ先代に言われるがままにやってきたということであれば、解決する知恵は浮かびにくいでしょう。

そして人生100年時代の未来には、私たちの潜在意識には何の情報もインプットされていない事態が、いくらでも起こりうるのです。

したがって現在、どれだけ仕事において活躍している人でも、正しい対処法が導き出せるとは限りません。

だとすれば、**素直に自分の無知を認め、たえず新しい情報を敏感に感知していく必要があります。**

かつてギリシャの哲学者ソクラテスは、「私が知っていることは、『自分が何も知らない』ということだけだ」と述べました。

マルチプルライフの時代に起こるのは、まさに「あまたの人が体験してこなかったこと」なのです。

それを補うには、つねに新しい体験や新しい情報を得る努力をして、自分の潜在意識を更新していく必要があります。

環境を変えれば、一瞬で自分が変わる

自分が知らなかった違う体験を得るために、最も簡単なのは、「違う環境に身を置いてみる」ということです。

たとえば私は東京に出てくると、必ず決まったハイクラスの外資系ホテルに泊まっています。

いまでこそ慣れっこになりましたが、最初のころは緊張したものです。

なにせ宿泊していると、会う人会う人が、セレブな人ばかりなのです。その中で自分が専用のウェアを着て、ジムのスタジオでパーソナルトレーニングを受けたり、プールサイドに立ったりしている……。

「こんな贅沢をしていていいのだろうか」

「田舎者に見られていないだろうか」

まるで異次元の世界にいるようで、周りからも、おそらくはオドオドしているよう

に見られてしまったでしょう。

けれども、その環境に身を置いてしまえば、同一化するスピードはものすごく速いのです。

ハイクラスのホテルに泊まり続ければ、だんだんとその場の空気に同調し、立ち居ふるまいを覚え、環境に相応しい人間になっていきます。

私は世界で一流とみなされる人間になりたかったから、一流のホテルに泊まる習慣を続けてみました。

それが客観的に実現できたのかはわかりませんが、少なくともどんなところに行っても物怖じせず、超一流のエグセクティブに対しても、自分に自信を持って堂々と付き合えるメンタルがつくられたのです。

同じことは、誰にでも、もちろんあなたにも当てはまることでしょう。

たとえば学生のころに地方でやんちゃな仲間とつるんでいた人が、卒業しても同じ人間と付き合い、住む家もまったく変えなければ、ずっとそのイメージの人間のままでいます。

でも、思い切って過去の人間関係を断ち切り、都会に行ってエリート層の中に身を置いてみれば、１年後にはまったく別人になっているでしょう。

かつて明治維新で日本が近代化したとき、それまで着物を着て、ちょんまげを結っていたエリート層は、一斉にザンギリ頭にして、スーツを着る生活を始めました。

その様子はあまりにも滑稽《こっけい》で、不慣れであったでしょう。

でも、彼らにしてみれば、西洋諸国にいち早く追いつき、鎖国していた日本を国際社会で認められる存在にしたかったのです。

その結果日本は、わずか数十年で近代化を成し遂げ、世界を脅かすまでの存在に成長しました。

そして、**私たちのアイデンティティには、変化を柔軟に受け入れ成長した日本人の気質が受け継がれているのです。**

「学び」と「アウトプット」の相乗効果

都会には都会の、地方には地方のいいところがあり、ジャングルに住む先住民族も、幸福を感じながら人生を満喫しているでしょう。

何がいい、悪いという話ではありません。

ただ、**どんな場所も、永遠にそこが楽園であり続けるわけではありません。**

変化していく世界の中で、1つの場所に身を置き続けることは、やはり成長を妨げるリスクでしかない。いつのまにか取り残され、気づいたら淘汰されている。

それはガラパゴス諸島に取り残されて環境に適応してきたゾウガメやイグアナが、他の場所ではまったく生存する力を持てないのと同じことでしょう。

日本のビジネス環境も、いまや同じような状況にあることは事実です。AIやGAFAはその象徴で、世界を取り巻くビジネス環境は大きく変化しています。

その中で、「20代からずっと、自分が働いていたビジネス環境から一歩も出なかった」

という人が、65歳くらいで放り出され、「残り35年、広い世界で頑張ってね」と言われ、はたして生きていくことができるでしょうか？

それはまるでガラパゴス諸島で生きてきた動物が、唐突にアフリカのサバンナに放り出されたようなものかもしれません。

では何をしたらいいかと言えば、**「まずは違う世界を知ってみる」**ことです。

他の業界の人、世代の違う人、自分とはまったく価値観の違う人々が集まるコミュニティや勉強会、あるいはセミナーなどに参加してみる……。

人的ネットワークのつくり方、生かし方については後の章で述べていきますが、自分がとどまっている狭い世界を突破するには、まずは「その狭い世界とは異なる世界」に身を置いてみるのが、いちばん手っ取り早い方法です。

ただ、よくあるのは、そこで話を聞いて、名刺交換をして、一緒にお酒を飲み、ひとときの会話を楽しむだけで終わってしまうケース……。そんなことの繰り返しで、マルチプルライフが実現できたという人は、ほとんどいないでしょう。

つまり、違う世界を知り、情報をインプットするだけでは、変化は何も起こらないのです。何らかの行動を起こし、「経験して得たこと」を自分の潜在意識の中に植え付けていかなければなりません。

では、あなたにできることとして、どんな経験が考えられるでしょうか？

・感じたこと、学んだことを、ブログやSNSなどでアウトプットする
・出会った人たちとコミュニティをつくったり、自分の会を運営したりする
・何か会社の枠を超えた新しいビジネスができないか考える

可能なことはいくらでもあります。具体的な勉強法は後の章で述べていきますが、ただ**新しいことを学ぶのではなく、新しい仕事につなげていかないと、複数のキャリアをつくることなど、いつまで経ってもできません。**

重要なことは、「自分を成長させよう」といった曖昧《あいまい》な目標を立てるのではなく、具体的な新しい何かを始めることを、つねに意識することです。

意識さえしていれば、潜在意識は必ず、「こんなことをしてみよう」という閃きを、あなたに与えてくれるでしょう。

世界とつながるために海外へ行く

自分の視野を広げるために、海外へ行くことは、とても価値のあることです。知らない世界に踏み入って何かを経験することで新しい刺激を得られます。とくに若い人は、積極的に日本を飛び出してみるべきだと私は思います。

ただし、「海外旅行に行って、帰ってきた」というだけでは、やはり気分転換だけで終わってしまいます。

それでは映画を観たり、美術館へ行ったりするのと同じこと。いつもの日常に戻ったら、せっかく経験した新鮮な刺激も、潜在意識の奥のほうに埋もれてしまうでしょう。社外の勉強会に行くのと同様、やはり**自分の仕事や、これからの目標に落とし込まないと、違う世界を体験したことがマルチプルライフに生かされてきません。**

かつて私は、ルーマニアでインプラントにおける骨造成のオペ（手術）をしたことがあります。

ニューヨーク大学インプラントプログラムのリーダーとして、ルーマニアの大学で、現地の医師たちとともに手術指導を行いました。社会主義が崩壊したころで、病院は近代化されてはいるものの、どことなく重い雰囲気もありました。そこで働く医師たちには、日本とは違う、独特な空気が漂っていました。

こうした場を通して、「もっと歯科の仕事に誇りを持って臨まなければならないな」「自分の医院は、患者様に安心した環境・空気感を提供できているのだろうか？」と、自分の仕事についてさまざまなことを考えます。

そんなふうに、**「世界」というフィルターを通して、自分自身について考えることこそ、本当は重要なこと**なのです。

もちろん「海外で仕事をする」という経験は、そう簡単に得ようとして得られるものではないでしょう。

それでも、接客の仕事をしている人は海外ではどのように接客をしているか、ファッションやデザインの仕事をしている人は海外でそれらがどのようにとらえられているか、観察することはできるはずです。

また、現地の人の中で学べる機会があれば、積極的に参加してみるのもいいと思います。

たとえば私の知人は、日本のイスラエル大使館が主催している研修に参加してきました。毎年数十人の若い日本人ビジネスリーダーたちをイスラエルに招待しているそうです。

イスラエルには、ベンチャー起業家が多く、ＡＩなどの研究も進んでいます。

意外に親日家でもある彼らは、戦時中にユダヤ人を助けてきた日本人が、ビジネスパートナーになることを望んでいるようです。

それはとても誇らしいのですが、知人は同時に日本人がいかに国際的なビジネス感覚に遅れているかを知って、がく然としたとのことでした。

結局、現地へ行って、肌で感じてみないとわからないことが多くあります。

いまは技術の発展が凄まじいので、たった1秒で世界とつながることができますが、**本当に世界とつながるためには、「体験」をしなくてはならないのです。**

自分に対して投資ができますか？

勉強会やセミナーに行くにも、海外に旅立つにも、「お金」が必要です。

これは人生100年に対する投資なのです。**変なところでお金をケチり、必要なところにお金をかけなければ、あとで後悔することになってしまうでしょう。**

たとえば、ダイエットがなかなかできない人というのが、世の中には大勢います。

読者の中にも、あるいは「挫折してしまった」「一時は痩せたけれど、リバウンドしてしまった」という方がいるかもしれません。

私に言わせれば、ダイエットができなかった人というのは、別に忍耐力や自己管理能力が足りないわけではありません。

ただ、「ダイエットをする」という行為に対する投資が足りなかっただけなのです。

「スポーツジムの会費を毎月払っています」「高いダイエット食品を買っています」という方もいるでしょう。

私は、自分の体を管理するのに、月々ある程度のお金を払っています。

トレーナーに払うお金や施設に払うお金など、その額は20代のビジネスパーソンの月収に近いかもしれませんが、これだけのお金をかける以上、やはり中途半端ではいられません。

きちんと払った額に見合うものを得ようと、真剣に運動したり、真剣に食べ物や生活習慣の管理をしたりするようになっていきます。

「ライザップ」などが成功するのも、同じ理由なのでしょう。方法論以上に、高い会費を払うから、嫌でも熱心に痩せようとするのです。

ただメニューが終わり、退会して出費がなくなると、途端に気持ちがゆるんで、リバウンドしてしまう。人間の性格上、これは仕方のないことなのかもしれません。

「目下の体重を下げる」というダイエットに対し、マルチプルライフに必要な勉強は、未来に投資するものです。

だから、**高いお金を出せば、それなりに未来を変える努力を人は始めるようになる。**

その結果、人生が長いスパンで変わっていきます。

私自身、勉強に対しては、かなり多額の投資をしてきました。人生を通じて勉強に対してかけたお金は、それこそ1億円を超えると思います。

100万円もするような高額のセミナーと、数千円で行けるようなセミナー。どちらが効果的かと言えば、それは間違いなく、高額のセミナーでしょう。

それは学習する内容以上に、勉強することへの本気度が変わるからです。

誰だって、かけた多額のお金をムダにはしたくありません。生きるか死ぬかの瀬戸際に追い込まれた探検家が限界を超える力を発揮するように、「なんとかもとをとるぞ」と本気になれば、死に物狂いで学んだことを生かそうと考えます。

しかもマルチプルライフを考えたとき、勉強したことは、「収入を上げること」につながらなければ意味がないのです。

10万円のお金をかければ、収入を100万円上げて、何倍ものリターンにしてとり返そうと考える。100万円のお金をかけたならば、年収が1000万円を軽く超えるようにならなければ意味がない……。

自己投資は、このように自分を本気にさせてこそ意味があるのです。

「うまくいったら儲けものだ」といった感覚で勉強するのであれば、あまり次の発展につながることは期待できないでしょう。

AI時代にこそ勉強への投資を惜しまない

「勉強にはお金をかけたほうがいい」という話をしましたが、だからと言って「100万円のセミナーに行きなさい」「分割払いのスクールに申し込みをしなさい」と勧めているわけではありません。

現在はリボ払いなどローンが簡単に組めることから、安易に多額のスクールに入ってしまう人も増えました。

それで何かの資格をとった人が、独立して高額の年収を稼ぐようになったという話も、あまり聞きません。**大切なのは「お金をかけたかどうか」ではなく、「自分に覚悟があるかどうか」なのです。**そこを履き違えてはいけません。

私は歯科医師という仕事をしていますから、会社員の方に比べると、多少は投資できるお金に余裕があるでしょう。

それでも、際限なくお金を使えるわけではありません。

30代のころは千葉の病院に勤務していたのですが、休日の1日は、他の病院でアルバイトの歯科医師をしていました。それは医師としての経験を積みたかったこともあったのですが、稼いだお金は休日に行くセミナーに投資していました。

北海道で開業してすぐのころは、お金を使うのがもったいないと思っていました。それでも自己投資して東京のセミナーへ参加していました。仕事が終わったあとに空港に直行して東京に入り、安いホテルに泊まって、翌朝からセミナーに参加しました。土日でセミナーに参加して、日曜の夜に札幌便に乗り、帯広まで寝台列車で帰る。その間ずっと、時間をムダにしてはいけないとセミナーの復習をしていました。

皆が遊んでいる時間も勉強に使い、通勤中もセミナーを録音したテープを聴く。そこまでやり続けたのも、投資したお金をムダにしたくなかったからです。

要するに、そのくらいの**犠牲を払う覚悟があったから、勉強に投資をすることができたのです。**

たとえばローンを組んで高額の勉強に挑む人は、毎月支払うお金に相当する何かを犠牲にできるか？　その覚悟を持つことが、とても大事なのです。

「出世払いだ」と安易に考えていると、借金ばかりになってしまうでしょう。

「時間」を「学び」に変える

「勉強はしたいけれど、そこまでお金を投資できる余裕はない」

そう思う読者の方に、まず勧めたいのが、**「時間」を投資する**ことです。

たとえば本を買って読むことも、やはり自己投資です。本１冊、２０００円ほど。そのお金を惜しむのであれば、図書館で本を借りて読めばいいのです。

そして、本を読んだら、アウトプットする時間をつくる。本で読んだことを１時間でもいいから実践してみる。その著者が他にどんなことを言っているのか、ネットで納得のいくまで情報収集をしてみる……。

こうした努力を続けることが必要です。

そもそも「本を読む」ことに、ふだんあなたはどのくらい時間を費やしているでしょうか？

読書を習慣にする人は、いまの時代、年々減っています。そんな時代に逆行するようですが、1日に1時間でもいいから、本を読んで考える時間をつくってみる。

いちばん大事なのは、やはり行動する時間をつくることなのです。


別に何百万円もお金をかけなくてもいいから、自分に必要なことをどこかで学べる場所がないか、調べてみる。

読んだ本の著者の話を聞ける場がないか、探してみる。

ダメモトでもいいから、出版社を経由して、手紙を出してみる。

SNSを使って、とにかく自分の思いを発信してみる。


このように、できることはいくら何でもあるのです。

遊びの時間を、スマホでSNSやゲームをする時間を、仲間うちで飲みに行ったりする時間を、少しだけでも削って、自分の成長に投資してみるのです。

それだけでも、あなたの未来は確実に変わっていくでしょう。


勉強というのは、ある種の等価交換であり、払った犠牲に見合う価値を、自分の側で獲得するようにしていかなければ意味がありません。

とくにマルチプルライフをつくるための勉強は、実践してはじめて価値のあるものになるのです。

その点では１００万円のお金をかけてセミナーに通っても、何も行動を起こさなければ単なる娯楽になってしまいます。

次項では人間関係や勉強項目など、より具体的な話をしていきますが、考え方として重要なのは**「何を学んだか」でなく、「何を実践したか」「いままでの自分とどれだけ変わったか」をつねに確認しながら学びを得ることです。**

それは、「プロセス管理」という考え方になります。

「プロセス管理」を制する者が人生を制す

「プロセス管理」というのは、たとえば医療の場であれば、治療のそれぞれの過程における、「チェックリスト」のようなものです。

私はインプラント手術をするのであれば、徹底的に知識の習得や技術トレーニングを行うべきだと考えています。術前の患者様の全身状態、手術部位に対する診査・診断は当然のことです。

その上で、患者様に起こりうるリスクがなくなるまでシミュレーションをしますが、リスクに関するマネジメントも想定はしておきます。

すなわち、手術自体は、すべてプロセスで行われるもので、リスクすべてをプロセスごとに解決していきます。ですから、２日間で17症例の手術をしても私はまったく疲れることがないのです。

決して、難しい話ではありません。

しかし、手術をプロセスとして考えられない場合、その都度判断しなければならず

とても非効率です。これは、

成功している人を見れば、「あの人は才能があるから」
多種の仕事をしている人を見れば、「あの人は器用だから」
人間関係の幅が広い人を見れば、「あの人は社交的だから」

……などと、まるで「うまくいっていること」をその人だけに能力や才能が備わっているからだと思い込んで、まったく自分と結びつけていない多数の人々と同じだとは思いませんか？

まずは**人生１００年時代を見据えて、理想のプロセスを設計してみる**のです。

ところで、あなたはビジネスパーソンの、「年代ごとの平均預金額」というのをご存じでしょうか？

20代……365万円

30代……600万円
40代……962万円

この額より自分の資産が少ないとすれば、平均以下の預金額になっている、「理想の資産額の基準に達していない」ということで、より収入を増やす工夫をしなければならないことになります。

もっとも、この「預金額」というのは、起業した人などは一気に減ることもあるでしょうし、自己投資にかけるお金によって減るかもしれません。

ただ、こうした人生100年のモデルをつくっておけば、少なくとも自分が歩むべき道標《みちしるべ》はつくることができるわけです。

一方で、前章で述べたように未来にはかなり未知数のことも多いのです。理想のプロセスと言っても、選ぶ仕事によって、いくらでもパターンは変わってきます。

手っ取り早くプロセスをつくるのに、簡単なのは「見本」を見つけること。

つまり大切なのは、人間関係をどのようにつくっていくかということなのです。

第3章

年収アップ！人間関係の作り方

人生100年時代は「人」から学ぶ

「マルチプル超勉強法」にとって、最も重要な要素は、「出会い」だと思います。

人との出会いほど、人間を大きく変えてくれるものはありません。

いままでの常識、自分の価値観、生活習慣や将来に対する考え方……。

時代の変革期にもかかわらず、なかなか変わることができないという問題は、付き合う人を変えることで一気に覆されます。

私がさまざまな書籍の中で、「高いお金を払ってでも一流のセミナーに行くべき」と言っているのも、やはり「出会い」に対して期待が持てるからです。

正直に言うと、2000円の勉強会でも、2万円のセミナーでも、場合によっては講師の話に大差はないこともあります。

しかし、参加している人々は、大きく変わります。セミナーから学ぶよりも、その場に来ている人々から学ぶことのほうが多いからこそ、投資に見合った価値は大きくなるのです。

逆に言えば、いくら多額の投資をして高額のセミナーに行っても、人間関係を広げる場にしない限り、学びの成果はほとんど期待できません。

少しだけ身の丈を超える場所に行き、自分よりワンランク、ツーランク上の人に会って、親しく付き合うようにする。

すると自分のレベルも、相手のレベルに合わせて、ワンランク、ツーランク上昇することになっているわけです。

人生１００年時代や、「ＡＩ」「ＧＡＦＡ」による変化にかかわらず、人間関係こそ勉強して自分を成長させるための基本だと私は思っています。

実際に、私自身もそうでした。

30代くらいまでは、私もずっと学校やセミナーの勉強会で、先生の講義を聞くばかりの勉強をしていたと思います。

私自身の勉強内容が医療に偏っていたこともあるし、講義を聞くだけの勉強しか経験してこなかったこともあったでしょう。

30代の後半で自己啓発の勉強をするようになりました。ですが、本当に自分が大きく変わったのは、ニューヨーク大学へ留学したことがきっかけです。

留学は医療を学ぶためのものでしたが、アメリカに行った私は、自己啓発で学んだ知識を生かし、目標をしっかり立てて前向きに周囲の人々から学ぼうとしました。

その結果、多くの一流の人的ネットワークを持ち、彼らのお陰で一流のものに触れ、能力的にもメンタル的にも、自分を大きく飛躍させることができたのだと思います。

あなたが人生100年を満足のいくものに変えたいなら、教室で学ぶ学習の方法から交流を通して学ぶ方法に、やり方を変えなければなりません。

「ミラーニューロン」で進化する方法

人を通して学ぶことの重要性は、これからの人生１００年時代において、間違いなく、より重要になっていくと思われます。

これからは、「知識」よりも「経験」のほうが、ずっと重要になってくるからです。従来のセミナーのあり方は、だんだんと時代遅れになっていくでしょう。

人間の脳には「ミラーニューロン」という細胞が組み込まれていますが、その機能は、「他人の行動を見て、それをあたかも自分の体験のように錯覚して学び取っていくこと」です。

つまり、自分と違う価値観や、自分よりずっとマルチプルライフに相応しいキャリアをつくっている人に接し、一緒に話をしたり、一緒に食事をしたり、いろいろな場所に行ったりするだけでも、相手の世界観をかなりの割合で吸収できるということです。

いくら講師の話を真剣に聞いて学んでも、そんなキレーション反応のような効果は、あまり期待できないでしょう。

もちろん、出会いの場をつくるために、セミナーのようなイベントに参加することが重要なのは変わりません。

たとえば日本の上場企業のトップの人の講演に行ったとしても、お客さんとして対応されるだけで、講師と聴衆、あるいは先生と生徒の1人という関係の域は出ません。

それよりも、セミナーで出会った自分より先を行っている人と親しくなり、「あなたになら、何でも教えるよ」という関係になれば、そのほうが得られることはずっと多くなります。

それは、上場企業のトップのような著名人でなくても構わない。中小企業のトップでも、あるいは上場企業の役員や部長クラスの人でもいいのです。

出会いによっては、「相手と一緒に何らかのプロジェクトを推進する関係になる」ということもあるでしょう。

その場合は、ひょっとしたら相手は自分と同じくらいの立場かもしれない。年齢は自分より下かもしれない。

「弟子になる」というよりは、むしろ**「仲間になる」「チームをつくる」という言葉のほうが相応しいかもしれません。**

その場合でも、相手はこれからの時代に対応したスキルを持っていたり、技術に精通していたりするのです。

そういう人と一緒に、たとえば何らかのビジネスを起業したり、あるいは勉強会のようなものを始めたりすることで、いままで持っていた仕事の常識が大きく変わっていきます。

考えてみれば、私自身も人との出会いを通して、オンラインサロンを始めたり、ポッドキャストを展開したり、また本書のような新しいテーマの本を書く機会を得たりと、どんどん仕事に新しい変化をうながしているわけです。

その展開には予想外のことも多くありますが、先行きの見えないこれからの時代には、こうした変化をうながすチャンスを数多くつくることが大切になります。

一緒に食事をすることの効果

人と行動をともにし、一緒に学ぶときに重要なことは、「感動を共有する」ということです。

これは別に、違う価値観を持った相手や、自分よりはるかに高いレベルの相手に限った話ではありません。

カップルでも、あるいは友人でも、旅行に行ったり、遊園地に行ったり、映画を観たり、あるいは一緒にスポーツをしたりという共通の体験を通して、感動を共有することで親密な関係になっていくわけです。

それは、どんなレベルの人間関係でも、変わらないことです。

ただ、ビジネスの関係では、たいていはそこまでプライベートな行動を一緒にするわけではないでしょう。

しかし、相手のことがまだよくわかっていない段階でも、簡単かつ手軽に感動を共有する手段があります。

それは、**「一緒に食事をする」**ということです。

勉強会で出会った面白そうな相手に、「今度、一緒にお食事に行きませんか？」と誘ってみる。

すぐにSNSなどでつながり、「いついつに行きましょう」と相談し、会社の帰りに会う機会をつくった……。

それがきっかけで、場合によっては「一緒に会社をつくることになった」なんていう可能性だって、いくらでもあるでしょう。

考えてみれば、「食事に誘う」という行為は、人的ネットワークづくりにつながる、いちばん自然なケースです。

マズローの欲求5段階説にもあるように、「食べる」という行為は人間にとって最も根源的な欲望を満たすことであり、誰しもが求め、感動できる行動なのです。それを生かすのは、至極当然のことでしょう。

一流の人と食を通して関われば、やはり一流の感覚を学ぶことができます。

少し前になりますが、海外で、「ハリウッドスターも訪れる」という流行のレストランを教えてもらったことがありました。

そのレストランは、ものすごく料理が美味しいのですが、雰囲気は非常にカジュアル。それこそTシャツに短パンで、気軽に入っていけそうなくらい。

ただ、値段はそこそこ高く、食事だけで1人あたり、日本円で1万3000円はかかってしまいます。

ということは、やはり誰でもが利用できるわけではない。利用するのは、セレブのみになるでしょう。

つまり、**セレブと呼ばれる人たちも、相手との関係を深めようと思ったら、フレンチのように緊張する店ではなく、ラフに行ける気軽なレストランを選ぶのです。**

実際に利用するという体験を通して、学んだことの1つです。

会食は「夜」ではなく「朝」にすべき本当の理由

最近のオフィス内では、上司が部下を食事や飲みに誘うようなことは、あまり歓迎されていません。

だからかどうかわかりませんが、とくに若い人には「仕事の関係者と一緒に食事に行く」という習慣があまりない人が結構います。遠慮しているのか、あるいは緊張することを嫌う傾向が強いのかもしれません。

でも、本当はそれこそ、若い人の特権なのです。

オフィスでも、上司が誘わないならば、自分のほうから誘えばいい。

あわよくば奢《おご》ってもらえるかもしれないし、そうでなくても上司が長い年月を経て経験したことを、自分の経験として吸収するチャンスになります。

むろん本書の趣旨と照らし合わせれば、職場の上司の話を聞いても、マルチプルライフという点ではあまり参考にならないかもしれません。

それでも学べることは多くありますが、経験を聞かせてもらうことに、あまり魅力を感じない人もいるでしょう。

ただ、オフィスで会った「面白いな」と感じる人であれば、話はまったく別なのではありませんか？

むしろ自分が**「ご馳走させてください」と言ってもいいくらい。これも前章で述べた「投資」にほかならない**のです。

そうならば、ふだんオフィスでは控えめな人も、積極的にアプローチできるようになることが重要だと思います。

もちろん、誘えば断られることだってあるかもしれません。

自分よりレベルが高い相手に声をかけるのですから、むしろ「断られて当たり前」なのです。「機会をもらえたらラッキー」といったように、ダメモトで誘う感覚でいいと思います。

断られるのは、別に自分が「つまらない」と思われたのではなく、ただ単に忙しくて時間がとれないだけだろう。

そう思っていれば、相手の返事に一喜一憂せずに済みます。

結局のところ人間関係には「縁」もありますから、あとは相手に任せてしまうしかないのです。

じつは一流の人と夕食やお酒の席でともにできても、こちらが思うほど相手からは「親密な関係になった」とみなされていないことはよくあります。

それに対して、「親密になった」と考えていいのは、「朝食を一緒にできる関係」になったときです。

男女の関係だって、夜に一緒に食事をする人よりも、朝に一緒に食事をする人のほうが親しい間柄になるでしょう。

それと同じで、会社で信頼を寄せる人や、「この人と一緒に何かがやりたいな」と思う人を、とくに欧米の人々は朝食の席に招く傾向にあります。いわゆる、ブレックファースト・ミーティングのことです。

だからと言って、**こちらから「朝食を一緒に食べよう」と誘うのはあまりにも不**《ぶ》**躾**《しつけ》**ですが、欧米ではよくあることとして頭に入れておいてください。**

一流の人々をよく観察してみる

人との付き合いから学ぼうと思ったら、とにかく相手のことを、よく観察することです。

むろん、ジロジロ見ていたら不信感を持たれるかもしれません。

その人がどんなライフスタイルで暮らしているか、どんなファッションを楽しんでいるか、どういうものが好きで、どういう時間の使い方をしているか、などを観察し、取り入れられるものは積極的に自分のものにしていくといいでしょう。

たとえば一流の人になりたかったら、まず一流の人と親しくなって、その人が身につけているものを知り、「そういうものが似合う人間になろう」と努めるのが、いちばん手っ取り早い手段です。

鞄《かばん》は何を持っているか、靴は何を履いているか、時計は何を身につけているか。

当然、普通の会社員が給料で買えるようなものではないでしょうが、知ることで「自分がどれだけ稼げばいいか」がわかります。

ハッキリとした数値目標ができますから、じつは「仕事のレベルを高めて、収入を上げよう」という場合には、非常にわかりやすい基準になるのです。


たとえばフェラーリを買うと、オーナーだけが使えるレストラン限定コミュニティがあったりする。当然ながら、そこに出入りする人々は皆、超一流の人々ばかりです。

そのため、資産価値としてだけでなく、「一流の人脈をつくりたい」という理由でフェラーリを買う人も世の中には存在します。車を持つことで共通の趣味が持てますから、信頼を得るには有効な手段と言えるのでしょう。

オペラ座などでのオペラ、テニスの４大大会、ヨットのアメリカズカップ、モナコのＦ１グランプリ。いずれも世界中のセレブが集まる、年中行事のようなものです。

だから、彼らと人脈をつくりたいという理由で、高いチケットを求める人も世の中にはたくさんいます。

やはり**付き合う人が変われば、自分の世界は大きく変わる**のです。

別にムリをして高級な場に行くべきだとは思いませんが、成長するためには、たとえず自分より高いレベルのネットワークを広げていくことを、つねに意識していくべきでしょう。

ＧＡＦＡについて第1章で述べましたが、その中の「フェイスブック」は、マーク・ザッカーバーグが大学在学中に、仲間うちで立ち上げた企業です。

ところがザッカーバーグは、会社が大きくなるにつれ、仲間よりも成功している起業家や資産を持った投資家などの一流のビジネスパーソンとの付き合いを広げていきます。

その結果、創業当初の仲間たちとは決別することになるのですが、その代わりフェイスブックというベンチャーは、どこにも売られることなく世界に君臨する大企業へと進化していったのです。

付き合うべきでない人とは、付き合わない

マルチプルライフとは、言わば、世の中の変化に合わせて、自分の仕事を進化させながら成長していく生き方です。

その中で**いちばん付き合うべきでない人は、変わろうとするあなたを旧世界にとどめようとする人々です。**

そこに囚われている限り、あなたは彼らと一緒に時代に取り残されていくことになってしまいます。

それは、時代に合った新しいやり方を目指そうとするあなたを、「そんなのは前例がないから」と言って認めようとしない上司かもしれない。

あるいは環境を変えようとするあなたを、「オレたちを裏切るのかよ」と引きとどめる学生時代の仲間かもしれない。

または「ランチは皆で一緒に食べなきゃダメよ」と、あなたを束縛し続ける同僚た

ちかもしれない。

もし、自分の道を歩みたいと思うのなら、こうした人たちとはうまく距離を置きましょう。

そうしないと、いつまで経っても「新しい世界」へ踏み出せなくなってしまいます。

かつて私が大学院に通っているとき、面倒なしがらみがありました。

私はお酒が飲めないから、運転要員に都合がいいわけです。

「クラブへ行こう！」「皆で飲みに行こう！」などの誘いがありました。

私も若かったもので、すべてを断ったかと言えば、嘘になってしまいます。

仲間との付き合いは大切ですが、目的に合った時間の使い方をすることはさらに大切です。

そうした経験があったため、卒業後は、夜遊びというのを一切、やめてしまいました。

誘われても行かない。

さぞ、付き合いの悪い人間と思われたでしょうが、それで人間関係が切れるとしても、いっこうに構わないと開き直ったのです。

いまでも仕事柄、どうしてもパーティや会食などに出席しなければならないときはあります。

でも、２次会のようなものには、一切参加しません。

早く帰って、やるべきことをやる。睡眠時間も、起床時間も、一切、動かさない。

そうしないと、必要な勉強ができなくなってしまうのです。

時間というのは限られているし、お金もリターンのあるところに使ってこそ、生きてくるものです。

昔は〝付き合いが第一〟だったかもしれませんが、現在は世の中が大きく変わっているときです。

飲んで、騒いで、それで「面白いヤツだ」と誰かが引き上げてくれるような時代は、すでに終わっています。

目標を達成するためには、余計なつながりを切ることがとても大切になるのです。

眠る前に理想の人間関係をイメージする

人間の潜在意識には、自分が「こうなりたい」というイメージを強く持っていれば、無意識にそれを実現させようとする機能があります。

「知識の貯蔵庫」と私は呼んでいますが、過去に書物で読んだ知識や、見聞きしてきたこと、いままで体験した記憶の集積から必要な情報をかき集め、それらを解析して、いま願いを叶えるために必要な行動を選択させるわけです。

だからこそ、**人生100年を生きるに当たって、将来に自分が得たい人間関係像は、つねに頭の中でイメージしておく必要があります。**

とは言え、ただ超有名人を自分の周りに思い描いてみても、現実味がありません。

「有名人と知り合いたい」「業界に影響力のある起業家と知り合いたい」「お金持ちのセレブと友達になりたい」といくら想像したところで、「自分が相手とどのような関わりを持っているのか」をイメージできなければ、人間関係をつくる具体的な行動を起こしようもありません。

潜在意識の力を活用するのは、神様にお祈りをするのとは違って、目標を達成するための戦略なのです。

それは「引き寄せ」のように、運命に働きかけて相手を自分に近づけてもらう呪文ではなく、自分自身を行動させるための方法です。

ですから、ただ理想の人物が自分の前に現われるのを期待するのでなく、「こんな人物に、こんなふうに接している自分になりたい」と、具体的なシチュエーションを思い描くようにしてください。

すると、偶然の出会いが生まれるのではなく、まず自分が理想の人的ネットワークをつくれるような存在になり、自然に会いたい人が目の前に現われるようになります。

具体的には、次のような〝状況〟をイメージしておくといいでしょう。

・自分がどんな話を相手にしているか？
・相手は自分に、どんな話をしてくれているか？
・自分の態度、表情はどんな感じか？

相手は現実に存在していなくてもいいですし、テレビで観たり雑誌で読んだりして知った人でも構いません。〝そんなイメージの人〟と人間関係がつくれるなら、それで構わないのです。

ほとんど会社内の人間関係だけにとどまっていた人であれば、「自分より高いレベルの人的ネットワーク」と言っても、想像ができないかもしれません。

いちばんいいのは社外のセミナーなどに出かけて、うまくいっている人を理想のモデルとすることです。

気をつけなければならないのは、潜在意識というのは、いくらイメージを頭の中に描いても、ネガティブな情報が入るたびに、「そんな人脈がつくれるわけがない」と判断して、必要な行動を勝手に止めてしまうことです。

ですから、**「自分はこういう人間関係をつくりたい」というイメージを、何度も頭の中に描いて、潜在意識に深く刷り込んでおく必要があります。**

たとえば、毎晩眠るときに、自分の未来の姿をイメージしてみる……。

まるで子供のころに戻ったような気がするかもしれませんが、その習慣だけで、あなたの行動が変わるのです。行動が変われば、必ず周りの人間関係も変わります。

人的ネットワークは「無形資産」

人的ネットワークは、人生１００年を生きるための「無形資産」です。

それはマルチプルライフの時代において、自分のキャリアを次々と更新していくには、人的ネットワークが欠かせないからです。

つまり、**これからの新しいキャリアは、必要に応じて「自分が選ぶ」のではなく、「人を通して生まれていく」ようになることが求められています。**

『ＬＩＦＥ ＳＨＩＦＴ（ライフ・シフト）』では、生涯を通してほぼ１つの人間関係に依存してきた人と、多くのキャリアを通じて、多様な人的ネットワークをつくってきた人の例を比較しています。

当然、人生１００年に対応できるのは、後者のケース。それは「準拠集団、ロールモデル、比較対象とする人たち」を変えることによって、多くの視点を持ち、自分を変身させることが容易になるからです。

いままで本書でも、「人脈」という言葉を使わず、「人的ネットワーク」という言葉を使ってきました。

なぜかと言えば、いままでのビジネスで有効だった「人脈」と、人生１００年時代で仕事をつくる「人的ネットワーク」は、大きく性格が異なっているからです。

たとえば、「新しいキャリアをつくる」というケースを考えてみましょう。

いままでは、「転職しよう」というとき、自分の人脈の中の誰かに相談して、場合によっては「推薦をしてもらう」という流れが普通でした。

勤めている会社の上司と、折り合いが悪くなってしまった。そこで勉強会でお世話になっている師匠のような方に、相談に行ってみると、

「君は悪くないよ。そうか、なら、ちょうど知り合いの社長がいい人材を探しているから、聞いてみようか？」

こんな形で、「人脈」は利用されていたのです。

それは「ネットワーク」というより、どちらかと言えば「ピラミッド」の上下関係に近いものかもしれません。先生と教え子であるとか、学生時代の先輩・後輩の延長のようなものと考えていいでしょう。

けれども**人生１００年時代に必要なのは、もっとフラットで、上下関係がない、あなたを中心として広がる「人的ネットワーク」なのです。**

知り合いが、「会社を辞めて、起業しようと思う」という投稿を、フェイスブックで発信していたとします。驚いたあなたは、相手にメールをして、「一体何をするつもりですか？」と聞いてみます。

いい加減な話かと思ったが、ビジネスの詳細を聞くと、とても可能性があるようにも思える。

「なるほど、面白そうなことを考えているんだね」

「そう思う？　興味があるなら、一緒にやらないかい！　経理のことには弱いから、君が協力してくれるならとても嬉しいんだけど……」

「えっ⁉　突然だけど、でも、いまの会社ではあまりうまくいっていないしなあ」

行き当たりばったりのようですが、人的ネットワークが広がった世界では、むしろこうした形での転職が当たり前になっていくということなのです。

だからこそ仕事の形は変化し続けるし、7つのキャリアを持つようなことも珍しくなくなります。

もはや「定年」という概念はないし、同時に2つ以上の会社に所属することだって、ごく普通になるかもしれません。

ただそれは、豊富な人的ネットワークをつくって、はじめて可能になるのです。

支配されるのではなく、ＳＮＳを支配する

フラットな人的ネットワークが主流になっていくことを、最も象徴的に表しているのは、やはりＳＮＳでしょう。

読者の方の中には、すでにフェイスブックを日常で使っている方が多いと思います。傘下に入っているインスタグラムも含め、ＧＡＦＡの代表企業が私たちの生活を侵食していると考えれば、少しだけ恐ろしい気持ちもしないわけではありません。

それでも、自分を中心とした人的ネットワークをつくる上では、やはりＳＮＳの力は大きいものです。

むしろ、ＧＡＦＡのような企業が経済の中心となった人生１００年時代においては、それらの会社がつくるシステムが、新しいビジネスの人間関係像を生み出してしまうのだとも言えます。

だとすれば、**旧態依然としたやり方でムリに逆らうのではなく、新しいシステムを理解し、これを利用する形で仕事に生かしていくのが正しいやり方でしょう。**

いままでのビジネスの人間関係は、一直線上に発展していくことが、当たり前になっていました。

会社の人間関係は、転職をすれば、また新しいものに変わる。社外のセミナーなどに参加しても、その都度、その都度、自分がつながっている人間関係を更新させることが通例だったわけです。

自分のレベルに応じて、人間関係が変わっていく。これは現在でも、ある程度そうならざるをえず、仕方のないことでしょう。

先に述べたように、自分の成長を妨げる人間関係は、ある程度、振り切っていくしかありません。

しかし、SNSの登場は、そうした人間関係のあり方を大きく変えました。

つまり**人との出会いは「一期一会」でなく、友達申請をすることによって、相手の情報がいつまでも入り続けることになる**わけです。

必要に応じてコミュニケーションをとることはいつでもできるので、何年も現実には会っていなかった人と急に新しいプロジェクトが始まることも、いくらでもあります。

その中で成功する人というのは、「さまざまなコミュニティで、いろいろな人と友人になる」というだけではなく、**「さまざまな場所で出会った人を、自分を中心とした大きな円の中に統合していく」**ということができる人です。

たとえば、ある勉強会で出会った人の話を聞き、「あの人に会わせると面白いな」と思ったら紹介したり。

「人材を探している」という人と、「転職先を探している」という人をつなげてあげたり。

そうやって、たくさんの人的ネットワークをつくっていけば、その中でさまざまなことが起こりやすくなります。

「こんな仕事に興味はありませんか？」「こういう仕事を依頼したいのですが可能ですか？」という話が耳に入りやすくなるでしょう。

実際、こんなことがありました。

大きな会社でもうすぐ定年を迎える男性が、とある勉強会に参加しました。

そこでＳＮＳを通じたつながりができ、自分の情報を発信していたら、勉強会に参加していた人から突然、声がかかったのです。

「投稿を見ていて、面白いと思いました。今度、うちの会でお話をしていただけませんか？」

それから何度も話す機会を経て、会社を定年退職したら、いつのまにか講師として全国を駆け回ることになっていた……。

ＳＮＳの世界では、そんなことがいくらでも起こるのです。

マルチプルライフを実現するためには、情報発信をうまく活用するとよいでしょう。

情報発信こそ「人間力」が試される

ただし、ＳＮＳによって人的ネットワークが広がり、マルチプルライフに通ずるチャンスにも恵まれるようになることを、安易に考えてはいけません。

というのも、いままでの狭い人間関係より、ずっと広い人とのつながりを多くの人が持つようになっていくからです。

その中で選ばれる人は、どうしても限定されてきます。

選ばれる人になるには、どのような条件が必要でしょうか？

「可能性が感じられること」と、やはり「人間として信用できること」が絶対条件だと思います。

「可能性が感じられること」は、日々のアウトプットに関連すること。これは次の章の具体的な学び方のところで、詳しく述べていきましょう。

「人間として信用できること」というのは、まさに「人間力」の問題です。

時代が進化し、横に広がったネットワーク社会になるからこそ、じつは「人間力」というのは、より重視されるようになっていくのです。

とはいえ、SNS上でのやりとりは、人間同士が生身でコミュニケーションをしているわけではありません。

それでも「人間性が豊かだ」とか、逆に「あの人は信用できそうにない」と、判断される材料がありうるのでしょうか？

たくさんあります。代表的なのは、次の3つではないでしょうか？

①人の悪口や不満など、ネガティブな投稿をしていないか？
②自分の発信だけでなく、他人の発信にも、きちんとアクションを起こしているか？
③思い出したときに何かを発信するのではなく、きちんと連続した定期的な発信をしているか？

私自身、フェイスブックへの投稿は、毎日行っています。

それも「おはようございます。今日は天気がいいですね」などと、当たり障りのない投稿をするわけではありません。本の内容に合った自己啓発をテーマとする話や、読みやすいワンテーマの仕事のハウツーを投稿していますから、それほど簡単ではありません。労力もそれなりにかかります。

けれども、発信するから、作家・井上裕之のブランドは保たれているわけです。

いい加減な投稿や、人を不快にさせるような投稿をしていると、たちまち「あの人も大したことがないね」と人が離れていってしまうでしょう。

本を書いている人だったら、それなりに大勢の友達登録者を抱えていますから、いちいち他人の投稿などは見ていないかもしれません。

でも、**私はできる限り、きちんと人の投稿も見ますし、「いいね」もできうる限り押すようにしています。**

そうすることで、投稿した人も「ちゃんと見てくれているんだ」と喜び、私のことも気にしてくれます。

これはリアルなコミュニケーションで挨拶をしたり、人を褒めてあげたりするのと同じことでしょう。

もちろん、頻繁に投稿するのが大前提です。あまりに放っておけば、だいたいの相手は、こちらのことなど忘れてしまいます。

これらのことは、結局のところリアルな場で人を大切にするのと同じなのです。他人の気持ちを考え、声かけを忘れず、マナーを守って、自分の誠意を形にしていくからこそ、人が信頼してくれます。

そういう努力もせずに、「人間関係が広がらない」「チャンスが訪れない」と言っているのは、やはり本末転倒でしょう。

人生100年時代には、ビジネスにおける人間関係の形は大きく変わる。でも、人の心が変わるわけではありません。

AIやGAFAの時代となり、真っ先に取り残されるのは、最先端のツールについていけない人や、流行に鈍感な人ではないのです。

何より人の心がわからない人だということを、よく認識しておくべきでしょう。

第4章

大人がハマる「マルチプル超勉強法」

まずは何を勉強すればいいのか？

ここまで本書を読み、これからの時代を生きるのに、どれだけ勉強が大切になっていくのかは、よく理解いただけたのではないかと思います。

ひょっとすると、新しい悩みを抱えてしまった方もいるかもしれません。

人間力は確かに、磨けるものならば、磨いていきたい。

人的ネットワークも、どんどん広げる必要がある。

でも、具体的な勉強は、一体どんなことから始めたらいいのだろうか？

私も、「具体的なスキルとしては、これからどんなことを勉強すべきでしょうか？」と、よく聞かれます。

そんなときに私がよくやるのは、質問に質問で返すことです。

「あなたは一体、どんな仕事をなさっているのですか？」

すると怪訝《けげん》な顔をされる人がいるのですが、**大切なことは「いま旬なこと」「人気**

があること」「儲かりそうなこと」を考える前に、まず「自分自身が専門にしていること」を掘り下げることなのです。

専門を掘り下げさえすれば、次に必要な勉強は、誰かに聞かなくてもきちんと見えてきます。

これはよく考えれば、至極、当然のことかもしれません。

たとえば、皆がよくビジネススキルとして学ぶものに「コミュニケーション」があります。

コミュニケーションのスクールに行って、研修を受けてきたとしましょう。それで日常生活で会話が上手になるかと言えば、ふだんと同じ人間関係の中で会話をしている限り、何も変わらないわけです。

一方で、「勉強したことのスキルを営業の仕事に生かそう」と考えれば、学んだことすべてを速攻でお客さんとの会話に活用できます。

最新のＩＴ技術や、ＳＮＳや動画のつくり方を教えてもらっても、ただ知識として知っているだけではすぐ忘れてしまう。

一方で、「これを使って、自分自身を売り出していこう！」と考えれば、学んだその日からホームページをつくり、動画やSNSで自己発信をして、「ここで何かを売ったらどうか？」「アフィリエイトを導入してみようか」などと、具体的なビジネスに発展していくわけです。

つねに**勉強したことを仕事に還元して、自分自身に対する評価や、社会的な価値を上げていく。**

そして当然、自分に入ってくる収入も増やしていく。

大人の勉強とは、そういうもの。

ただ、人生100年時代には、「自分の仕事をする時間」が「会社での雇用期間」を超えていくため、それがより複雑になっていくというだけです。

ですから、「何を勉強すればいいかわからない」という人は、まず自分の目の前の仕事をこなすにあたって「不足しているもの」を考えるべきでしょう。

「目の前のステージ」をクリアする

「まず目の前の仕事から」と言われると、少し不服かもしれません。

「いまの自分の仕事なんて、それこそＡＩの時代に残るかわからない。古くさくて、つまらない仕事だから……」

「この仕事を天職とは思っていません。それよりもっと、時代の最先端を担うような仕事に転進したいんです……」

だから転進する機会を求めて、交流会に足しげく通う。あるいは「自分が本当にやりたいこと」がどこかにないかと、セミナーに参加しまくる。

とくに、セミナーを開催すれば、少なからずそういう方は参加してくれます。

もちろん積極性があるぶん、まったく勉強しない人よりは、はるかに将来の可能性はあるでしょう。

ただ、残念ながら、勉強の成果を生かすことは難しくなります。

「時代の最先端の知識」や「人生100年を生きるのに必要な考え方」を学んでも、「いまの仕事」がベースとして確立されていないと、そこに新しいものを積み重ねても、飛躍することはできません。

また、いくら時代の最先端で活躍している人と知り合っても、現在の自分の仕事が人から認められるものになっていないと、出会いを新しい仕事の発展に結びつけることはできないのです。

たとえば著者と読者、あるいは講演家とそのファンといった関係にはなれます。けれども、ビジネスパートナーとして一緒に飛躍することはできません。そこを履き違えてはいけません。

本書でもお世話になっているプロデューサーは、自身のコミュニティを持ち、イベントの主催などもしながら、たくさんのビジネスを創造しています。

それは、まさに時代の最先端といった様子ですから、マルチプルライフに憧れる人々からは羨望の目で見られているでしょう。

けれども、もとはと言えば、「出版」というそれこそ〝時代遅れ〟とみなされても仕方ない分野で、ずっと編集者として下積みを経験してきた方なのです。

一編集者として地道に仕事を続ける中で、情報の生かし方、人が喜ぶ企画のつくり方、人間関係のつくり方を学んできた。やがてそれが認められて編集長となり、マネジメントやビジネスの動かし方を覚えた……。

そうした基盤があるから、出版社を辞めたあとに独自の仕事をつくり出せたのです。ベースがなかったら、決してうまくいくことはなかったでしょう。

ですから、**「天職」のようなものを見つけたいなら、まずは「いま目の前にある仕事」を、一度究めなくてはいけません。**

ひょっとしたら、現状の仕事に不満を抱えているかもしれないし、心から楽しむことができないかもしれない。それでも「修業」と思って、そこで納得できる結果を出しておく必要があるのです。

それをやっておかない限り、望んでいる次のステップには、なかなか進めません。ある意味、ゲームのステージを１つ、クリアするようなものでしょう。

勉強すべき課題は「いつもの仕事」の中にある

私自身も、やはり「歯科医師」という仕事を究めようとしてきたから、いま本を書き、講演などもできるようになったのだと思っています。

歯科医師の仕事と、自己啓発の本で書いているようなテーマとの間には、一見すると、まったく関係がないように思われるかもしれません。しかし、

「もっと医院を発展させたい。目標達成するには、どうしたらいいのだろう」
「患者様を喜ばせるために、企業のシステムを導入できないだろうか」
「働くスタッフのモチベーションをもっと上げるには、何をすべきだろう」

といった多くの課題は、やはり毎日の仕事の中から生まれてきたものなのです。

その1つひとつを解決するために、私は本を読んだり、ビジネスや自己啓発のセミナーに参加したりしてきました。

その結果、これまで多くの本に書いているような知識やノウハウが、私の中に蓄積していったわけです。こうした勉強は、著者になり、講演家になった現在でも一貫して続けています。

実際、**私はいまでも、成功した経営者が講演するセミナーに、一聴衆として参加することがよくあります。**

ときどき驚かれたりもするのですが、私にとっては、ごくごく普通の「勉強」に過ぎません。

ソフトバンク取締役会長の孫正義氏といえば、ポンポンと新しいビジネスを思いついて大成功させる、天才的な起業家に見えます。

でも実際は、パソコンのソフトに、インターネットに、携帯電話に、エネルギー事業にと、たえず「いまの仕事」の延長線上で新しい仕事を興《おこ》しているのです。

アップルというパソコンをつくる会社を立ち上げ、ピクサーというＣＧ映画に携わるエンターテイメント会社に移ったあと、アップルに戻って、音楽の iPod や iPhone

をつくり上げたスティーブ・ジョブズも同じです。

考えてみれば、世界のビジネス市場を支配するとされる、残りのＧＡＦＡ、グーグルも、フェイスブックも、アマゾンも、最初に自分たちがつくり上げたインターネット上のサイトを発展させてきただけなのです。

まったく未知の分野へと、果敢に挑戦を続けたわけではありません。


つまり、多くの人は自分がまだ見たことのない理想郷ばかりを求めるのですが、世界の成功者たちは、そんなふうに勉強をしていないのです。

つねに課題は、いまの仕事の中にある。

それを解決することで、新しい夢が芽生えてきます。

一方で、とくに近年は、「自分に合わない」と思ったら1年や2年、ときには数ヵ月で会社を辞め、仕事を変えてしまう人が多くなっています。

これはとても残念なことです。

一般的には「石の上にも三年」ということで、「少なくとも3年は、その会社にいたほうがいい」と言われます。

ただ、歯科医師のように己の腕で成り立つ仕事をしてきた私に言わせれば、「本当は、少なくとも5年間その仕事に専念しないと、一人前にはならないのでは」というのが本音なのです。

そのくらい「仕事を究める」というのは、一朝一夕でできるものではないからです。ただし、入った会社がいわゆるブラック企業だったり、人間関係の問題が起こったりして辞めざるをえない場合もあります。ストレスを抱えながら、イヤイヤ働くのでは、心を害してしまうでしょう。

その場合にも、**向かい合った仕事に対して、「自分はこういうことを学んだ」という、「手応え」だけはつかむようにしたほうがいい**と思います。

そうでないと、次の職場、次の仕事でも、また同じことを繰り返してしまうかもしれません。

問題を「自分ごと」としてとらえれば、自ずと答えは導き出せる

マルチプルライフをつくるのに必要なのは、「こういう仕事なら、需要があるかもしれないな」「こういうものがあったら面白いな」という、既存の常識を覆す創造力です。

それは、実際の仕事を通じてでないと、感じられないものです。

ということは、いまの仕事に取り組む姿勢も、マルチプルライフを実現したいならば、やはり変える必要があります。

ひと言で言えば、**未来を見据えて仕事をしているか。**これがとても重要になります。

あなたは毎日の仕事をしながら、その延長にある未来を意識しているでしょうか？

「この仕事には未来がない」

「いまの仕事が、将来の自分に役立つとは思えない」

そう考える人は、「未来への可能性」や「将来に役立つこと」を、「会社から与えら

れるもの」ととらえてしまっている傾向にあります。

だから「もっと、いい仕事をくれる会社に行きたい」ということになるのですが、それでは「いい仕事」なんて見つかるわけがありません。

可能性は会社に期待するものではなく、自分自身で見つけないと意味がありません。にもかかわらず、多くの人が現在も「仕事は与えられるもの」ととらえています。


かつて私の歯科医院で、コンサルタントを招き、「将来の生活設計」という講義をしてもらったことがあります。

それは「いまの自分の仕事の延長から得られる想定金額」と、「将来に必要なお金」を照らし合わせるような内容でしたが、それを聞くとやはりスタッフの意識は変わります。

いまの仕事を続けるとして、一体どうすれば収入が増えるのか？

スキルアップして、もらえる額を増やすか？　より高い収入が得られるところに移ることを考えるか？　それともサイドビジネスなどで、副収入を得ることを考えるか？　株などの投資を考えるか？

じつのところ、選択肢は、だいたい限られてきます。

スキルアップや転職を考えるなら、それこそ勉強をして、自分の資産価値を高めるしかない。

サイドビジネスを考えるなら、やはり情報収集を含めた勉強をして、いまの自分にできる仕事を探すしかない。

株にしろ、仮想通貨にしろ、不動産にしろ、投資で儲けようとするなら、それがどのようなものなのか勉強をするしかない。

結局のところは、どれも「勉強」なのですが、そのうち何を選ぶかは、自分に問いかけて、自分の希望にいちばん合うものを選んでいくだけです。

要は**問題を「自分ごと」としてきちんと認識し、上質な質問をしていけば、自ずと答えは出ます。**

ただ多くの人は、問題をまだ「自分ごと」としてとらえていないだけなのです。

実際、世の中にはサイドビジネスで儲けている人はたくさんいて、スキルアップして収入を上げた人も大勢いる。60代、あるいは70代になってから、キャリアチェンジに成功した人も大勢います。

大勢いるということは、それを実現するノウハウがあるということなのですが、多くの人は他人事としてとらえてばかりで、自分に落とし込もうとは、まったくしていません。

それで「どうすればいいんだろう」「自分にスキルがあったら」「自分に人的ネットワークがあったら」と、ないものねだりばかりをしてしまうのです。

私は何かを知ると、あらゆることを「自分の問題」や「自分のテーマ」に置き換えてきました。

ビジネスの成功例を聞けば、すぐその中の「顧客」を「患者様」に置き換える。そうすれば自分の問題に直面したとき、活用できる知識になっていきます。

仕事を変えようと思ったら、あらゆる要素を他人事としてとらえず、まずは自分のことに置き換えてみるのです。

そうすれば必ず、「何をするべきか」という答えは出てきます。

勉強効率を最大化する「質問」

自分に上質な質問をして答えを出していく練習として、まず読む本を1冊選ぶことを試してみてください。

「いま自分が、一番に読むべき本は何か？」

目下の課題や現状、本書を読んだ感想と照らし合わせて、「こういうテーマの本を読むべきではないか」と自分なりの答えを出してみる。

あとは本屋に行ってみれば、自然と必要な本が目に入るでしょう。

実際、皆そんなふうに目的を明確にしないから、いくら本を読んでも身につかないのではないかと思います。

たとえば上司と折り合いが悪く、「もうこの会社にいたくない」と考えている。そんなときに必要な本は、はたして「夢の叶え方」といった自己啓発書でしょうか？

それより、上司とのコミュニケーションを改善したり、上司との付き合い方を変えたりするための心理学の本のほうが役立つのでは？　と私は思ってしまいます。

自分の仕事を大きく変えたいのだけれど、起業家の本をいくら読んでも、何も変わらない……。

それも当然で、彼らとはビジネススキルのレベルも違えば、持っている資産も、人的ネットワークの質もまったく違うのです。同じことをしようとしたって、普通の会社員が真似できるわけもありません。

だとしたら、もっと自分と同じレベルから始めて、ビジネスに成功した人の本はないか？　あるいは手軽に読めるビジネスの入門書はないか……。

そんなふうに問題解決のための本を選んでいけば、確実に現状を一歩前に進める参考になるわけです。

どんな本も、読む人によって、あるいは読み方によって、役立ち方は変わります。

本の内容を自分に生かしたいなら、「この本は、将来の自分のどんなことに役立つのだろうか？」と、質問をしながら読むことが大事なのです。

本を読むことを勧めると、ときどき「忙しくて、なかなか読む時間がとれないんですよ」と言う人がいます。

それこそ思考停止でしかありません。それなら「忙しくて時間がない中で、どうしたら読むことができるだろうか？」と、自分に質問してみればいいのです。
ダイジェストを読むなり、オーディオブックを聴くなり、速読術を身につけるなり、方法はいくらでもあるでしょう。

実際、私も忙しいとき、よくオーディオ学習をしています。

オーディオ学習は、慣れてくれば脳が活性化し、理解の速度がどんどん上がっていきます。それこそ1冊を読む時間で、3回繰り返し聴くこともできますから、非常に効果的な学習方法としておすすめです。

「読みたい本のオーディオブックがない」という場合、わざわざ誰かに読んでもらい、録音データをつくることもあるくらいです。場合によってはお金をかけることもありますが、まったくムダにはなりません。

また、ダイジェストということに関しては、京都のパーソナルブレーンという会社が発行している「ＴＯＰ　ＰＯＩＮＴ（トップポイント）」という月刊誌があります。

こちらはビジネス書10冊の要約を丁寧にまとめたもの。講演のために急いで最近の本の傾向を知りたいときなど、非常に重宝する雑誌です。

多くのビジネスパーソンが愛読していますから、定期購読をするのもいいのではないでしょうか。

また、本やオーディオブックではなく、「直接、誰かに話を聞く」という方法も、もちろんあります。

ただその場合は、「誰に聞くべきか」と自分に問いかけることが非常に重要になってきます。

そうでないと、「バドミントンが強くなる方法を知りたいのに、プロ野球選手に話を聞いている」ということにもなりかねません。

自分がなりたいイメージを明確にし、それにピッタリ合う人に聞かなければ、やはり現状に則した答えは得られないでしょう。

結果が出る学び方と結果が出ない学び方

勉強をするにも、効率的に結果が出る学び方と、結果が出ない学び方というのがあります。

そもそも、いまの仕事と結びつかないことばかりを、気まぐれに勉強している人は、「結果」の定義がよくわかっていません。

だから、勉強が趣味のようになってしまうのです。

そうではなく、仕事にとって必要なことを選んで勉強している人でも、ただ「勉強し、感心し、役立ったらいいなと思う……」の繰り返しで、あまり自分の成長には結びついていないようです。

だから大切なのは、「検証すること」です。

そのためには**勉強したことを、たえず「アウトプットする」習慣をつけなければいけません。**

私自身は、そもそも歯科医院の経営をよくしようとして勉強してきましたから、最初から学んだことをアウトプットするのが当然と考えていました。

アウトプットと言うと大げさに聞こえるかもしれませんが、読んだ本や聴いた本の内容を、パワーポイントでデータ化するだけです。

ただ、文章のレポートを書くわけではありませんから、あとで内容の検証がしやすいようにして、何度も見ることで、潜在意識にも落とし込みやすくなります。

そうしておけば、いざとなったらパソコンで人に見せることもできるし、プロジェクターで皆に説明することもできる。実際、病院の経営に必要な情報は皆にも配布して「見える化」し、意識の共有をはかったりもしてきました。

アウトプットの必要性については、あなたもいろいろなところで聞いたことがあると思います。

とくに**ブログやフェイスブックの時代になってからは、アウトプットしたことを発信することで、自分の思いを表明し、自身のブランドをつくっていくことにもつながるのです。**

マルチプルライフを目指すのであれば、絶対にやったほうがいいことではあるでしょう。

にもかかわらず、現実にアウトプットを習慣にしている人は、ほとんどいません。ブログなどを始めたとしても、しばらくすると中断してしまう人が多いようです。

その理由は、なんといっても〝面倒くさい〟ことにあるでしょう。

たとえばブログなどを書く場合、面倒くさいわりに、最後まできちんと読んでくれる人は、ごく少数でしかない。それに比べて、ツイッターのように１４０文字の文字制限があるもの、またインスタグラムのような画像だけの投稿のほうが面倒くさくないので、むしろ世の中の主流になっているのです。

けれども**勉強というのは、誰かに感心してもらうためでなく、自分自身を成長させるためにするものです。**

じつは私は、いまのように著者として名前が知られるようになる前から、読んだ本の感想をブログにまとめていました。

当時は私を知っている人はあまりいませんでしたから、ブログを書いてもどれだけの人が読んでくれているのかわかりません。

でも、本を読んでアウトプットすれば、確実に自分の身になるから続けてきたのです。お陰さまで、現在でも本で読んだ内容は、さまざまな場面で役立ち生かされています。

結局、**楽な勉強はほとんど力になりません。**

人生１００年時代という長い期間で活躍する人間になるには、相応の努力も必要になってくるのです。

「楽しい努力」を続ける方法

努力することの大切さを説くことは、「人生１００年時代の最先端の勉強」という観点からすれば、なにやら時代に逆行しているように感じるかもしれません。

さまざまなキャリアを描きながらマルチプルに生きる時代の到来は、「長く付き合っていれば、誰かが持ち上げてくれる」「たまたま成功してお金を稼いでしまえば、あとはどうとでもなる」といった時代が終わることを意味するのです。

努力した結果に現れる、その人の真の実力がものを言います。

何らかの才能がある人を見たとき、多くの人は「羨ましい」と思うでしょう。

でも、才能というのは、結局は「ある特定の分野で輝く能力」なのです。

もちろん、それがあるに越したことはありませんが、**キャリアが時代とともに変化を遂げていく人生１００年時代、生まれ持った才能より、あとで必要に応じて努力して身につけた能力のほうがずっと重要になっていきます。**

そんな傾向は、すでに現われつつあります。

たとえばデザイナーやカメラマンと言えば、才能がものを言う仕事のように、普通は思うでしょう。

けれどもデジタル化したいまの時代、グラフィックソフトの使い方に精通した人や、インターネット上で自分を売り出せる人のほうがだんだんと優位に立つようになっているのです。

「才能一本で」というのは、よほどの巨匠にならない限り、難しいと思います。

それでも芸術分野の仕事であれば、その土台にはセンスは必要ですし、ある程度の才能は、仕事の質を決める大きな要素になるかもしれません。

しかし通常の仕事であれば、もはや「社交的だから営業に向いている」「集中力があるから、パソコンの前でじっくり作業をする仕事に向いている」といった特性だけで、一生涯できる仕事を確保することなど難しいでしょう。

さまざまな能力が１人の人間に求められるようになる。

それを習得していくには、当人がどれだけ努力できるかにかかっているのです。

努力と言うと、どうしても汗水たらし、苦労を重ね……というネガティブなイメージがありますが、そもそも、「努力=辛い」の発想が間違っているのです。

たとえば私は、生涯の多くの時間を、自分をレベルアップさせるための勉強に費やしています。

その面では、人一倍努力した人と言われれば、そういうことになるでしょう。

しかも私は、本質的には勉強が好きではない人間です。

どうして勉強を続けられたのかと言えば、「好奇心」だと思います。

私にとって勉強は、何か疑問が生じたり、問題が起こったりしたときの解決法を見つけるための手段。勉強をすることで仕事や人生の問題が次々と解決し、次のステップへと進めるから、面白くて仕方がないのです。

努力の習慣が根づかない人は、結局は「楽しい努力」をしていないのです。

やればやるほど、お金がどんどん入ってくる。励めば励むほど、どんどん自分が成長していく。そうした努力であれば、苦痛などではなく、楽しくて仕方がないものになります。

そんなふうに必ず、努力は成果と結びつけられるべきものなのです。

失敗や挫折から学ぶ

私が努力を重んじる理由には、子供のころから、努力しなかったばかりに失敗した経験を数多く繰り返してきたことも大きいと思います。

いままで封印してきた過去ですが、本書を機に公開いたします。

さかのぼること、小学生時代、卓球部に所属しており、誰にも負けないくらい強かったのです。中学校に入ったときも、新人戦の第一シードでいきなり優勝してしまいました。

ところが優勝すると、だんだんとナメてかかるようになり、練習の手を抜きサボり出すのです。

気づいたら、皆に抜かされている。そのとき初めて、大きな挫折を経験しました。

それでも、図に乗って失敗するクセは直りません。

中学校のときはそれなりに勉強ができ、なんとなくすべてが成り立っていましたから、それこそやりたい放題です。

それでも成績がよく有頂天になっていたので、結局は志望校の受験に失敗し、滑り止めの高校にしか行けなくなってしまいました。

じつは私には兄がいて、兄はすべてにおいて優秀で北海道でも有名な進学校に通っていました。

高校生になると、挫折感の塊です。

「なんで、成績のいい自分が、こんな環境で勉強しなければいけないんだ」

そんなふうに周りを見下し、人付き合いを避け、授業をサボることも。

その結果、自分が見下してきたクラスメイトたちに、どんどん成績も抜かされてしまいます。

「これでは自分がダメになってしまう」

それで、とにかく勉強だけはコツコツと続けるようになったのです。

正直に言うと、素行の悪さは大学に行くまで直らなかったし、学校をサボることも、何度となくありました。

けれども、もう二度と失敗はしたくないから、大学へ行くための勉強だけは何があっても続けました。

その習慣があったから、なんとか医療の道へ進むことができたし、いまのように作家活動もできるようになったのだと思います。

結局は、コツコツ続けられた人が勝つのです。

たとえば医学で論文を書く際、患者様３人のデータを分析することで論文を書くこともできますが、そこには膨大な苦労があります。それは人を扱うが故の難しさです。ものすごい数の物質を分析することで論文にするという選択肢もありますが、時間も労力もかかり大変です。

しかし、どちらを選択するにしても、研究という世界ではそれを続けた人が評価され、やはり成功するのです。私は大学院で、そのことを嫌というほど学びました。

手を抜いた結果は、結局のところ自分に返ってきます。

もし、それでも自分がコツコツ続けられる自信がないというなら、過去において努力したことを思い出してみてください。

それは自転車に乗れるようになったことでもいいし、逆上がりができるようになったときのことでもいい。部活の思い出でも、受験勉強の記憶でも構いません。

努力して後悔したとか、辛いばかりだったなどということはないと思います。やり遂げたことは、あなたに深い感動を与えたのではないでしょうか？

誰にだって、コツコツ続けることはできるのです。

それをしないのは、単にあなたがいま、その必要性を感じていないから、というだけかもしれません。

人生１００年時代の「ミッション」のつくり方

いま、努力が不要なときかと言えば、誰にとってもそんなことはありません。すでに第１章で見たように、いまは時代が大きく変化しているときなのです。それに合わせてマルチプルライフを手に入れるには、さまざまなやり方でコツコツと勉強を続けるしか方法はありません。

とはいえ、「人生１００年時代のため」というだけでは、あまりに先が見えません。そもそも先の見えない未来のために勉強をするのですから、見定めるべき目標は、どうしても曖昧になってしまいます。

必要性が感じられないのも、もっともなことなのです。

たとえば「受験勉強」と言えば、「大学に入るため」という目標がハッキリしています。資格試験のための勉強や、転職のための勉強もそうでしょう。

でも、「人生１００年時代のため」では追いかけるべき目標がハッキリしません。

そこで第一に必要なことは、小さなステージで、小刻みにステップアップしていくこと。たとえば「今年1年でお客さんをこれだけ増やそう」「今年のうちに、このスキルを習得しよう」など。

年始にこれらの目標を立てる人は多いと思いますが、立ててしまえば「勉強すべきこと」はハッキリします。

勉強したことはすべて、自分の仕事へと還元されますから、確実な成果となって現われるでしょう。

もう1つは、人生100年といった長いスパンでも変わらない、自分のミッションをつくることです。

たとえば私は大学院の博士課程を卒業したとき、「誰からも認められる一流の歯科医師になろう」という人生目標を決めました。

けれども一流になるまで研究分野に専念してしまったら、学んだことを現場で生かすことが難しくなります。

むしろ開業して、患者様を喜ばせることが第一だと思いました。それから歯科医院を開業し、いまはこうして自己啓発やビジネスの本も書いています。

でも、こうして本を書いているのも、「一介の歯科医師にもきちんと人生を説くことができるのだ」ということを示す目的があるのです。

そして日本全国の歯科医師を目指す人たちにとって、「あんな人になれたらいいな」という指標になれたら、それ以上の喜びはありません。


マルチプルライフの時代、キャリアが次々と変わり、業種も変わっていけば、所属する業界だって変わっていくことになるでしょう。

複数の仕事を持つ中で、「自分はこういう目標に向かっている」という核心がなければ、人生を通じて成長していくことはできません。単にバラバラの仕事をしているだけになってしまいます。

それは「できるだけ大勢の人を楽しませる人間になりたい」「最期まで自分の子供たちが誇りにできる人間でありたい」といったものでもいいのです。

ゴールがなければ、やはり努力しようという気持ちは起こりません。

つねに自分に問いかけることだけは、人生を通じて続けてほしいと思います。

誰と組むかで人生は決まる！

マルチプルライフを確実に実現する方法として、「誰かに自分をプロデュースしてもらう」という方法もあります。

実際、私もオンラインサロンを開催したり、幅広い出版を実現したりできるようになったのは、その都度、さまざまなビジネスプロデューサーが考えた企画に乗っかってきたからというところがあります。

こうした人たちと組むことができれば、新しい分野のハウツーを勉強できる機会も多くなるでしょう。

ただ、そうしたプロデューサーたちと組むことができたのは、本を書いて多少は名前が売れたお陰ではあったと思います。

もし無名の人がプロデューサーを雇おうとしたら、よほど人を見抜く目がないと、「高いお金だけを払ってほとんど得るものがなかった」ということにもなりかねません。

成功報酬のような形で、うまくウィン－ウィンの関係にできればいいのですが、無名の人が自分を売り出したいという場合には、なかなか厳しい話かもしれません。

本職のプロデューサーとまではいかなくても、「人を売り出せる能力を持った人」と組むことで、新しいビジネス展開が可能になることは前にも述べました。

たとえばあなたは、経営のことなどを、人に教えられる能力を持っている。一方で、出会った人はたまたま、ホームページをつくったり、動画を編集したりする能力には長けている。

１人でつくった自分を売り出すためだけのサイトでは、なかなか見てくれる人もいないかもしれない。それなら、営業ノウハウを教えられるＡさんに声をかけたらどうか？　税務の知識を教えられるＢさんにも声をかけたらどうか？

こんなふうに**「一緒に利益を出していける人」を集めていけば、自分が持っていない能力を使って、新しいビジネスを展開することも可能になるわけです。**

人生１００年の時代、人を組織し、プロジェクトを進める能力は、ますます求められるのではないかと思います。

場合によっては、あなたが人をプロデュースしたり、自分を売り出すために最も必要な人を選び出したり、これからは自分が１人で会社を経営しているような感覚で仕事をしなければなりません。

それについては、次の章でもう少し深く踏み込んでみましょう。

いずれにしろ、**多くの人と組むようになるからこそ、やはり自分自身のミッションはきちんと確立していなければなりません。**

そうでないと、周りの人はあなたが何を求めているかがわからないし、あなたと組むことがメリットになるかどうかもわからないでしょう。

あなたが掲げるミッションは、あなた自身の推進力となるだけでなく、周りの人をあなたに引きつける求心力ともなっていくのです。

１日を48時間にする方法

「なぜ、仕事が早いのですか？」
「なぜ、レスポンスが早いのですか？」
「なぜ、移動ばかりで疲れないのですか？」

私は複数の人生を生きるために、スピードを重視しています。

仕事が早い理由を尋ねられることも多いのですが、自分自身でそこまで仕事や作業が早いことに気づいていませんでした。

じつは、私は「速聴」で音声を聞いています。

「速聴」とは、音声を二倍速、三倍速で聴くことで「脳が活性化する」と言われている勉強法です。

オーディオブックや講演の音声を、通常よりも速い音声で聴くことだけなのですが、「速聴」にはたくさんのメリットがあります。

・時間効率アップ
・言語化能力アップ

たとえば、60分の音声を「二倍速」で聴くと、30分の時間で済みます。本来、60分間という時間で要することを30分間で終えると、残りの30分間の時間を他のこと、好きなこと、何にでも使えます。

「速聴」を続けていくと、時間に関する感覚が変わります。言葉では説明しにくいのですが、すべてのスピードが遅く感じられるようになります。

たとえば、時速100キロで高速道路を車で運転しているとしましょう。

高速道路から降りて一般道路を60キロで走るのと、窓から見える風景はまったく違います。高速道路を走っているときの車の窓から見る風景より、一般道路を走っているときの車の窓から見る風景は、スローモーションのようにゆっくりと流れます。

これは、まさに倍速のスピードで聴く音声と、普通のスピードで聴く音声と同じです。速さに慣れると、普通のスピードでもゆっくりのスピードとして体感します。

速聴をすると、ふだんの「スピード」が自ずと速くなっていきます。

これだけで人生二倍、三倍、得をすることになるのです。

また、「速聴」をすることで、頭の中で想像したことが言語化しやすくなります。

速聴で音声を聴いていると、いつのまにか、ふだんの生活の音を「倍速」で聴き取ることができるようになります。

会話をしているときにも、相手の話をゆっくり聞くことができるので、頭の中で考える時間ができます。

すると、頭の中で考えた「答え」がより明確化し、相手が望む「答え」を一瞬で出すことができるようになります。

仕事でもプライベートでも、的確にコミュニケーションで対応することができるため、対人対応力が伸びることにつながるのです。

「速聴」で音声を聴く、動画を観るときに効果的な「速聴勉強法」をお教えしましょう。

・目的を明確にする
・最初は普通に、徐々に速度を上げていく（感覚値を大切にする）

初めに、音声や動画を「倍速」で聴く場合、目的を明確にすることが大事です。たとえば、この音声を聴くことで、「コミュニケーション能力をアップさせたい」「英会話力を身につけたい」など。「成長したい」のような漠然とした目的でも構いません。目的を明確化することで、あなたの潜在意識に語りかけ、インプットします。

次に、一度、普通のスピードで聴いて、内容を頭に入れてください。そのあと、同じ音声を二倍速にして聴きましょう。

私は感覚をとても大事にしています。あなたが心地よい、聴き取れると思う「倍速」を見つけてください。ムリに、三倍、五倍などにする必要はありません。「速聴」を続けていくと、最初から倍速の音声で速聴をすることが可能です。続けていくうちに、もう普通の音声で一度聴く必要はない、と自分で判断できるでしょう。

スピードを速くするだけで、仕事ができると思われます。

AIの時代だからこそ、「速聴」で脳を活性化させて、スピードを体感しましょう。

第5章

人生を変える！最後のチャンス

自分自身のことを理解していますか？

前章では、人生100年時代、人を組織し、プロジェクトを進める能力が、ますます求められるという話をしました。

まず現在の仕事を究めていく。そのために必要な能力は何かを自分に問いかけ、勉強し、勝ち取っていく……。それが前章で述べた、具体的な勉強法です。

しかしマルチプルライフ時代の成功者を目指すには、もっと本質的に人を引きつけるものも必要になる。それが第1章でも述べた、「人間力」です。

質の高い知識、質の高い人間関係、質の高い自己投資、さらに質の高い体までを獲得できる力……。人間力とは、そんな総合力と言えるでしょう。

その人間力は、一体どうすれば効率的に身につけていけるのでしょうか？

まず重要なことは、**人間力とは自分自身で「高い・低い」を判断するものではなく、必ず他人の評価をもって「判断されるもの」**だということです。

少し医療の例で考えてみましょう。

たとえば、あなたが心臓に病を持っているとします。

そして１人の医師に診断してもらったら、難しい手術が必要だという。

あなたはそこで、「では、お任せします」と、自分の体をその医師に差し出すでしょうか？

まず普通は、絶対にそうはしないと思います。

高度な医療行為について、１人の医師の診断だけで決定するのはリスクが高いです。


ひるがえって診断をビジネスに当てはめれば、どういうことになるでしょう？

会社を中心にした狭い人間関係の中にいると、自分自身への評価はつねに、その会社の基準や上司の判断など、１つの価値観にゆだねられます。

その会社で「できる人」と評価される人が、仕事ができる人になる。

上司から「よくやった」と褒められれば、自分が成長したと得意満面になる。

社会的なステータスにしても、多くはその会社で「課長になった」とか「部長になった」という、昇進によって得る肩書きにゆだねられるわけです。

しかしマルチプルライフ時代になると、そうした特定の価値観のみによる評価で自分を推し量ることは、非常に危険になってきます。

実際、それがわかっていないから、独立して失敗する人が後を絶たないのです。セミナーで「これがいい」と言われれば、そのビジネスに飛びつく。「あなたには、これが向いている」と言われて、安易に投資してしまう。すべて自身に対する総合的な評価を見誤っていることによるものです。

もちろん、人生においては、失敗することも1つの勉強ではあります。

ただ、同じことを繰り返してしまっては意味がない。

だからつねに**「多数の価値観」の中に身を置き、自分が聞きたい話も、逆に聞きたくない話も、両方を聞きながら総合的な判断をしていくことが必要なのです。**

でも、そうする人は、ほとんどいません。

苦手な相手だからこそ、積極的に話を聞く

会社組織に所属していると、自分で人間関係を選ぶことができません。

所属している組織の上司が苦手だったとしても、イヤイヤながら付き合うしかない。それが原因で会社を辞めていく人も多いでしょう。

一方で会社を辞めて独立したり、フリーで働くようになったりすると、とかく自分と気が合う人とばかり付き合おうとします。

せっかく自由になったのだから、もう苦手な人間を相手にする苦労は背負いたくない……。その気持ちもわからなくはありません。

しかし、結果として人間力はもちろん、仕事の質を上げたり、可能性を広げたりするチャンスも失っていることが多くあるのです。

もちろん、ストレスを抱えてまで、嫌いな人とムリに付き合う必要はないでしょう。それは心を病んでしまう原因にもなります。

ただ、**「苦手」や「嫌い」という印象は、相手の価値観や、相手にする世界が自分と違っている**ことから、生まれていることが多いのです。それを理解することは、まさしくあなたの人間力を高める材料になります。

私自身も若いときは、よりレベルの高い人と付き合おう、一流の人から学ぼうとしていたことは前に述べました。

そうすると、どうしても相手は個性が強かったり、とっつきにくかったり、場合によっては恐れられていたりということも、よくありました。

それでも相手の懐《ふところ》に入ってしまえば、何ということもありません。

むしろ「なんで皆、あの人を避けていたのかな?」と、疑問に感じてしまうくらい。

行動をともにすることで、多くのことを学ぶことができました。

おそらく苦手な人や嫌いな人と接するのが苦痛になってしまう人は、自分の「こうしたい」を押し出しすぎる傾向があるのでしょう。

たとえば「この人と親密になりたい」と願うあまり、自己アピールばかりを繰り返してしまう。あるいは「こうしてほしい」「ああしてほしい」という、自分の要求を強く出してしまう。

当然、相手は拒否感を持ってしまうし、要求を突っぱねることもあるでしょう。その結果、相手に対して「自分の話を聞いてくれなかった」「不快なことを言われてしまった」という印象が残ってしまうのです。

人間力を高めたいなら、なにも自己アピールをする必要はないし、何かを相手に教えてもらおうとする必要もありません。

ただ、「相手の話をよく聞くこと」を習慣にすればいいのです。

相手の話をよく聞いていれば、自分とは関係のないことのように見えて、じつは自分にとって大切なことを、潜在意識がちゃんと吸収してくれます。

同時に、話をきちんと聞けば、当然ながらあなたに対する相手からの好感度は上がり、人間関係は親密になっていきます。相手は、よりあなたに役立つよう、できるだけ多くの情報提供をしようと考えるようになるでしょう。

できるだけ、たくさんの人から話を聞くようにする。この勉強法は、人生１００年をうまく生きるための鍵になっていくかもしれません。

何があってもポジティブに反応する

「なんとかなるさ！」と、現状をポジティブにばかりとらえていると、時代の変化に取り残されてしまいます。つねに未来に想定されるリスクを念頭に置き、「こういう時代になったらどうしようか」と、備えておく心構えが必要です。

そうではあるのですが、人間力を育てていくには、現状で起こる問題に対して、つねにポジティブに反応していくことも必要になります。

逆に言うと、「ダメだ」「できない」などと、否定せずに、物事のデメリットではなく、メリットに焦点を当てていくのです。

ポジティブに反応することは、とくに新しい仕事の機会を得るときなどに、とても重要になってきます。

チャンスは、どんな形で訪れるかわかりません。

「こんな仕事があるのだけど、やってみない？」

そう言われたけれど、自分が理想にするものとは、少し違う……。

苦手な類いの仕事である気もするし、なんか面倒そう……。

たったこれだけしか儲けがないのか、自分のやるべき仕事ではないな……。

否定する材料というのは、どんな仕事にもやはりあるわけです。


もちろん、やりたくない仕事をムリに受ける必要はないでしょう。

でも、「自分が得意なこと」だけで仕事を選んでいると、いつまでも新しい能力は身につきません。

「条件のいい仕事」が、この変化の激しい時代に、いつまでもあり続けるかどうかもわからないのです。

さらに新しい機会を断ることで、自分と違う価値観で仕事をしている人々との出会いを、フイにしてしまうかもしれません。

いずれにしろ、いままでと同じことをやり続けるだけでは、新しい発展はありえないのです。

「この仕事を受けた場合、どんなメリットがあるだろうか」というように、これからは「メリット」に焦点を当てて、可能性を次につなげていくことが必要になります。

私が本を書くようになってからは、「いままで見聞きもしなかった仕事」というのが、思いのほか多くなっているのです。

たとえばオンラインサロンの主催、音声や動画配信の仕事などさまざまですが、手間がかかって、儲けもそれほどではない案件が多くあります。

けれども、引き受けておけば「この先に何か発展があるかもしれない」という期待が生まれるし、その仕事が失敗したとしても、次へつながる新しい人間関係が生まれるのです。これはとても大きいことでしょう。

会社の仕事も、**若いうちであれば、何でも引き受けておくことで、すべてが自分の糧《かて》となります。**

「時間がない」「スキルがない」と皆、口を揃えて言いますが、「ネガティブ」より「ポジティブ」に考えれば、「どうすれば時間をつくれるか?」「どうすればそのスキルを効率的に身につけられるか?」というようにプラスにつなげられるのです。

その結果、あなたの総合的な人間力はどんどん高まっていくでしょう。

「経営者感覚」が最強の思考法

マルチプルライフの時代に大切なのは、他人の意見ではなく、自己責任で物事を動かすことです。

前章では、すべての人が経営者感覚を持って人生１００年時代に臨むべきだという話をしました。

それは**「自分」という会社を運営している社長の感覚で、未来を見据えたビジネスのプランを描いていくことにほかなりません。**

そこでたとえば、実際にあなたが中小企業の社長だったと考えてみてください。取引先の相手は、なんとなく自分の苦手なタイプだったとしましょう。

そのとき、「自分はあのタイプ、合わないから」と、パートナー契約を解消するようなことをしてしまうでしょうか？

そんなことをしていたのでは、会社が潰れてしまいます。

儲けが少なそうな仕事や、思っていたのと違う仕事にしても同様です。

そもそも新規事業というのは、成功するか失敗するか、やってみなければわからないところがあります。それでも、やってみないことには、新しい事業によって会社を大きくすることができません。

だからソフトバンクの孫正義氏にしろ、ユニクロの柳井正氏にしろ、多くの失敗を繰り返しながら、成功した数少ない事業を育て上げて会社を発展させてきたわけです。

もし、それをしなかったらどうなるでしょうか？

会社の事業は、ずっと昔と同じまま。

もちろん、それで何年も会社を維持している老舗《しにせ》もありますが、多くは時代の変化とともに衰退していってしまいます。


自分の望むことでなければやらないとか、好きな人とだけ付き合えばいいというのは、だいたいにして従業員感覚なのです。

大金を投資して何かを始めたり、自分たちの会社に投資してくれる人を募ったりという難しい仕事は、たいてい経営者や役員など、上層部の人たちがやってくれています。

従業員は、ただ言うことを聞いて仕事をしていれば、給料をもらえます。

もちろん与えられた仕事には、自分の意に沿わないものもあるかもしれません。

でも、その意に沿わない仕事を、今度は自分のために、自分の仕事としてつくっていかなければならないのです。

それが「経営者感覚」ということです。

あなたには「経営」ができるでしょうか？

究極は「人への気遣い」だけでいい

「意に沿わない仕事をする」などと言うと、なんだか人生100年時代が、あまり面白くないもののように感じてしまうかもしれません。

もちろん、生涯にわたって行う仕事は、あなたにとって楽しいものであるべきだし、自分のやりたいことをやっていくべきです、

一方で、仕事というのは、人に何かをしてあげて、それに対して報酬をもらうものなのです。

それを踏まえず、**「これから自分は好きなようにやっていく」などと言っていても、マルチプルライフは実現できません。**

うまくいかないのは結局、従業員感覚が抜けていないから。経営者感覚というのは、決してそんなに甘いものではないのです。

実際、会社組織を飛び出したら、どんな仕事もすべて相手の要望を叶えることが前

提になってきます。

たとえば、出版という事業を考えてみましょう。

累計で１２０万部も出している著者だから、あらゆる出版社で、好きなテーマの本を出せると思ったら大間違いです。

私がたくさんの本を出せるのは、おそらく「出版社が望む著者はどんなものか」ということを真剣に考え続けているからでしょう。

やはり出版社も商売ですから、売れるテーマの本を出したい。私はそうしたニーズに応えようと努力していますし、場合によってはセミナーなどを活用して、売るための戦略も考えます。

だから「井上さんの本なら安心だな」ということで、出版社も企画を持ってきてくれるのだと思います。

世の中には「本を出したい」という人が大勢いますが、そこまで考えて本を書こうとする人はあまりいません。

たいていは「自分はこういう本を書きたい」というだけで、出版社の立場を考えてはいない。出版社もその本を出し、書店で売ることで、はじめて経営が成り立つのだということまで意識していないのです。

自分の書きたい気持ちだけで本を出せるのは、自分でお金を出して出版する場合だけでしょう。

結局のところ、**ビジネスは人と人との相互利益で成り立っている**のです。

誰もが金銭的にうるおうから協力関係が成り立つのであり、お客さんもお金を出すことで自分の希望を叶えるから、商品なりサービスなりを選んで購入する。ずっと会社組織の中で生きてきた人には、そのことがあまり見えていません。

たとえば自営業の家で育った人というのは、親が取引先やお客さんに、一生懸命に気遣いをする姿をずっと目にしています。

相手の利益を必ず意識し、相手がよくなるように一生懸命に考えてあげる。だからビジネスで成功する確率も、非常に高くなります。

でも、一般の家庭で育った人には、そんなふうに「人に気遣いをしないのは悪いことだ」という感覚がありません。

そして会社に入れば、ずっと組織の中での役割を果たすだけになりますから、いかに気遣いによって自分の仕事が成り立つかが、わからないままなのです。

これは独立した１人の人間として、経営者感覚を持ってマルチプルな仕事をつくっていく際には、明らかにマイナスでしょう。

「人間力が大切だ」と本書で言い続けているのは、まさに最後は**「人の気持ちが理解できるか」がビジネスにおいて決め手になるからです。**

自分の仕事を生涯にわたって自由に続けていきたいなら、さまざまなスキルを吸収する一方で、「人の思い」についても追究していかなくてはいけません。

これは個々の性格もあり、実際はなかなか難しいことかもしれません。

でも、「まず意識する」ということが、出発点としてとても重要になってきます。

人間力を身につけるための読書術

人の思いまでを含めた人間力を学ぶ方法として、私のおすすめは、なんといってもやはり「読書」です。

それも最先端のビジネスハウツーの本ではありません。

やはり**読むべきは、時代がどれだけ変わっても多くの成功者たちに支持されてきた「古典」でしょう。**

私も30代のころに勉強会などに通い始めた当初は、最先端のビジネスハウツーばかりを学んでいました。

でも、あるとき「もっと本質的なことを学びたい」と思って、ドラッカーを学ぶ通信講座を始めたのです。それから彼の本を片っ端から読み、歯科医師の仕事や歯科医院の経営にどれだけ役立てることができるか、真剣に模索してきました。

20世紀最高の経営思想家と言われる、ピーター・F・ドラッカー。その名前は多くの人が知っていると思います。

では、なぜ彼の理論がビジネスの成功者たちに支持されるのか、わかるでしょうか？

「事業の目的はたった1つ、顧客を創造することである」

『マネジメント［上］［中］［下］』（ダイヤモンド社）という本にある有名な彼の言葉です。「お客さんの要望を叶えていくことがビジネスの目的だ」という意味ですが、先に私が述べた、「人への気遣いが仕事をつくっていく」という話と同じです。

ドラッカーの理論は、古くさいものでも何でもない。これからのマルチプルライフの時代に、より一層、重要になる考え方だということがわかります。

他にも古典に関して言えば、人生を通じて、私はたくさんの本に影響されてきました。ナポレオン・ヒルやジョセフ・マーフィーなどの、古典的な自己啓発書については、すでにいくつかの本でも言及しています。

彼らの「人は願ったことを実現させる力を持っている」という考え方は、まさに潜在意識を活用することで夢を叶えるという、私が一貫して説いている理論のベースにもなっているわけです。

その他重要な古典といえば、やはり中国の本でしょう。『論語』や『韓非子』、それに『三国志』の解説本など、残念ながら原文では読んでいませんが、オーディオブックの速聴で脳に叩き込んでいます。

「君子は義に喩《さと》り、小人は利に喩る」

これは孔子の教えを説いた『論語』にある一節で、「優れた人間は人への思いを大切にし、ダメな人間は自分の利益しか考えない」という意味。

ここでもまさに、先に述べた人への気遣いの重要性が説かれているわけです。孔子の教えは、渋沢栄一のような実業家から、現代のＩＴ企業の経営者まで、時代を経ても古びなることなく、ずっと愛されています。

いま、未来の「人生１００年時代」に対応しようと思ったとき、最先端のビジネスハウツーと比較し、どちらを優先的に学ぶべきかは、明らかだと思います。

先が見えない時代だからこそ、私たちは「普遍のもの」をもっと吸収しておくべきなのです。

人間力を学べる「見本」を探す

もう１つ、人間力を身につけるための方法は、やはりモデリングをすることだと思います。

つまり、「この人は素晴らしい人だな」と心から尊敬できる人を見つけ、そのふるまいや言葉遣い、考え方など、ありとあらゆることを真似してみること。

これはゼロの状態から人間力を身につけるにあたり、最も手っ取り早い方法と言えるでしょう。

けれども、問題はどこにそんな〝人間力の見本〟になる人間がいるかということ。周りを見渡しても、頼りになりそうな人なんてまったく思い当たらない……という方が多いのではないでしょうか。

それでは、どうしたらよいか。

１つは、**とにかく交遊関係を広げてみること。**

このことは前章でも述べました。単に勉強会に行って講師の話を聞くのではなく、その場にいる人の中で自分の見本になるような人を探すこと。

案外、講師よりも、その場に来ているベテランのビジネスパーソンのほうが、経験も豊富で人間力があるかもしれません。

いくつかの勉強会に行ったくらいでは、なかなか理想的な見本は見つからないでしょう。

それならばオンラインサロンを活用したり、さまざまなコミュニティに参加したりして、人的ネットワークを広げてみることも1つめの方法でしょう。

人への配慮の仕方は、この人から、コミュニケーションのとり方は、この人から、丁寧な応対は、この人から……といったように、個別の「いいところ」をそれぞれ吸収し、自分の中で統合していけば、人間力は完成に近づいていきます。

もう1つは、**もっと1人の人間を〝深く〟理解しようと努力してみること**です。

とくに最近は会社での人間関係が稀薄になっているからか、上司や先輩との親密なコミュニケーションを避ける若い人が多くなっています。

実際、人間力の見本となりうるかは別として、私の歯科医院ですら、院長の私に「話を聞いてほしい」と相談に来るスタッフは少ないのです。

遠慮もあるのでしょうが、これだけ生き方についての本を書いているのです。何か聞いてくれれば、それなりにアドバイスしてあげるのにといつも思います。

歯科医師をしていて、たまに高齢の患者様と雑談すると、その人の人生経験の深さに感心することはよくあります。

同じように、上司でも先輩でも、あるいはお客さんでも、その人の人となりについてもう少し踏み込んで聞いてみれば、そこから学べることは多いはずです。

別に勇気を出して聞くとか、特別な気構えなど必要ないと思います。

ただ、いままで会話する機会がなかっただけで、相手だって伝えたいことはたくさんあるかもしれないのです。

仲間とSNSでいつものコミュニケーションをしているだけでは、何ら新しい要素は吸収できません。

話をしてこなかった人に対し、もっと積極的に声をかけ、学ばせてもらう習慣をつけましょう。

1時間をムダにしない

古典などの本を読んだり、人間力の見本を探したり、人生100年を想定したり、とやるべきことはたくさんあることがわかります。

すると誰もが思うのは、「それだけのことをやる時間があるだろうか」ということでしょう。

時間は確実にあります。

現に、完璧とは言えないまでも、私自身は実践しているのです。

しかも歯科医師の仕事をしている中で、です。誰でも手持ち時間は1日24時間で変わらないのだから、間違いありません。

逆に、どうして多くの人はできないか、疑問に感じます。それはおそらく、**「ムダなことに費やしている時間が多すぎる」ということなのでしょう。**

人生が100年と長くなるとはいえ、ムダなことに時間を使っていたら、あっという間に長い時間も過ぎ去ってしまいます。

ですからいまのうちに、ムダな時間を極力、排除していきましょう。

私が考えるところ、現代人の多くがムダにしている時間には、次のようなものがあります。当てはまるものがあれば、1時間でも2時間でも悪い習慣をカットし、その時間を有効なことに使ってください。

①仕事のムダ

「意味のない仕事をしていないか」「必要のない仕事をしていないか」。いまだにムダな会議というのは多くの会社にあるし、人に任せればいい仕事をわざわざ抱えこんでいる人も大勢います。

残業の必要がなければすぐに帰宅し、空いた時間を勉強にあてるべきでしょう。

②情報収集のムダ

現代人は、多くの時間を「スマホ」に奪われています。情報収集のために必要かもしれませんが、ネットでもSNSでも、たえずアクセスして何かの情報を得ないと気が済まなくなっているようです。

新聞記者やトレーダーなど、特殊な仕事をしている人でない限り、いま一般に流れている情報の入手に遅れたことで、何らかの損失を被ることはありません。

1日に1時間でも2時間でも、思い切ってスマホの電源を切る時間をつくり、その時間を読書にあててみてはいかがでしょうか？

これはパソコンでのインターネット情報も同じ。あるいはムダに観ているテレビや雑誌の情報にも言えることです。

大して面白くない番組を惰性で観る前にテレビのスイッチを切り、勉強や趣味を始めてしまったほうが賢明なのは間違いありません。

③人付き合いのムダ

大して役に立っていないセミナーでも、お付き合いだからと、ムリに参加していないか？　愚痴を言い合うだけの場になっている同僚たちとの飲み会に、ムダな時間を費やしていないか？　ＬＩＮＥやフェイスブックなどの、ムダなやりとりに時間を費やしていないか？

こうした時間を削っていくだけで、多くの時間を捻出できるものです。

付き合いで飲み会に行くのは、仕事上、どうしても避けられないかもしれません。でも、２次会まで行き、夜中まで相手と付き合う必要はまったくないでしょう。

信念を持ち、自分にとって意味のない誘いは、断固として断る勇気が必要です。

④考えるムダ、くよくよするムダ

①～③までの話を聞き、「じゃあムダを省くぞ」と決心したばかりなのに、古い友人に誘われて、ついつい夜遅くまで飲んでしまった……。

こんなとき「大失敗した～」と、必要以上に落ち込んでしまう人がいます。場合によっては、１時間もくよくよする。嫌なことを思い出して、ずっと落ち込む。怒りや不満で、眠れないようなことが続く。

心のコントロールは難しいかもしれませんが、これらの「悩む時間」は、時間効率を考えれば、明らかにムダな時間です。

過ぎたことは仕方がないと割り切り、別のことに集中してみてください。

どうしてもできない場合は、瞑想や、あるいは運動をする時間をつくってみましょう。

「健康管理」がパフォーマンスを上げる

ムダな時間を削る代わりに、人生100年を見据えた上で、必ずつくってほしいのは「健康管理にかける時間」です。

時間だけではありません。

必要ならお金もかけるべきだし、仕事の成長を望む一方で、自分自身の健康状態を維持できているかということも、つねに意識すべきです。

それは**「健康管理ができていること」も、人間力の大きな要素になる**からです。

私は実際に、それで失敗する人をたくさん見てきました。

人格的にも立派で、ビジネスの能力にも卓越したものを持っている。素晴らしい家族と人間関係を持ち、これからのマルチプルライフの時代に大活躍するだろうなという方が、たった1つ健康を維持できなかったために大失敗する……。

これは本当に、「もったいない」としか言えません。

かつて膵臓がんで亡くなったスティーブ・ジョブズも、自身の健康管理を悔いたと言います。

このように、どんなに努力をしても、健康についてのケアを怠っただけで、人は容易に転落してしまうのです。

人生１００年、90歳まで健康が維持できれば、90歳まで幸福な日々は続きます。

１００歳になっても健康なら、さらにその先まで幸福な日々が続くでしょう。

そうなるように、次のような健康管理の項目は、つねに「勉強の要素」としてチェックするようにしてください。

①運動の習慣が維持できているか

ウォーキングでもジョギングでもいいし、ジムに行くのでも構いません。

人生１００年を見据えるならば、できるだけ運動をする習慣を、いまからつけてほしいと思います。

これは、「ダイエットをしよう」などという話ではないのです。

もちろん中性脂肪を減らし、メタボ体質を改善することが、成人病を防ぐために重要なのは間違いありません。

しかし、将来70歳、80歳になっても、まだまだ現役で楽しくやっていけるかどうかは、ダイエットよりも「歩く能力が失われていないか」ということのほうに深く関わっています。

実際に、ずっと健康だったのに、歩くことがままならなくなった途端、家にこもることが多くなり、それから寝たきりになり、認知症が進んでしまうというケースは多いのです。

何歳になっても、骨や筋肉は、そこに負荷を与えることで増強されます。

歳をとってから運動を始めようとしても、習慣として根づくかどうかはわかりません。若いうちから運動の習慣をつけておけば、将来への大きな財産になっていくでしょう。

②食事の管理はできているか

人は良質なものを食べれば、良質な活動ができます。逆に体を害するものを食べていれば、体には悪いものが溜まっていきます。

甘いものが食べたい、ファーストフードが食べたい。誰しも中毒のように体によくないものを欲しますが、欲望を抑えるのも、やはり人間力の要素の１つです。

ぜひ、この機会に健康的な食生活に改善することをおすすめします。

③早寝早起きの習慣をつけているか

海外のエグゼクティブは、夕食をともにする関係より、朝食をともにする関係のほうを重視すると前に述べました。また、仕事仲間ともブレックファースト・ミーティングをすることがあるということにも触れました。

つまり彼らは皆、早起きであるということ。そのぶん、夜は早めに就寝して、快適な睡眠を心がけます。

朝は早く起きて、日光を浴び、「今日も最高の１日だ！」とポジティブな言葉を自分に投げかける。

そういう習慣によって、毎日の健康はつくられていきます。

「自分は夜型人間だ」などと言っている人は、いまから人生１００年を見据え、生活習慣の改善をはかっておくことをおすすめします。

④医師の診察を受けているか

「一流の人ほど、健康に対して投資をしている」ということは、第2章でも述べました。

それは「病気になったから病院に行く」ということではなく、健康で何も問題がないときでも、人間ドックを定期的に受けたりして、体がパーフェクトな状態にあるかどうかをチェックしているということ。

とくにがんのような大病では、早めに診断をして、病気の芽があれば改善しておくことが望ましいのは確かでしょう。

会社に勤めている人は、定期検診などは毎年、受けているかもしれません。

そうではあっても、もっと詳細な検診を受けてみてはいかがでしょうか。人生100年を見据えるなら、自分の体をずっと診てくれるホームドクターを決めておけば、それ以上に安心なことはありません。

⑤心の健康は保たれているか

身体的な健康だけでなく、心の健康も、これからを生きるには非常に重要な要素になっていきます。

とくに現在のビジネス環境では、ストレスは最も健康を害する要因になっていると言えるでしょう。

だからできるだけ、ストレスのかからない日常を過ごすようにしたい。

とはいえ、会社勤めをしている人であれば、人間関係や職責によりプレッシャーなどもあります。そのストレスをゼロにすることなど、容易にできることではないでしょう。

ただ、できるだけ避けることは「ストレスを溜める」ということ。

しっかり休息をとり、心を満たしてくれる趣味の時間をつくり、きちんと心をリラックスさせるようにしていくべきです。

また、どうしてもストレスを抱えてしまう傾向のある方は、ときどき医師によるメンタルチェックをきちんと受けておくといいでしょう。

⑥歯の健康は保たれているか

私が歯科医師だからということもありますが、身体的なチェックを完璧にしていながら、案外と「歯」のことを忘れてしまう人が多いのが気になります。

歯が悪くなると噛《か》む力が衰え、それは確実に消化器官への負担につながっていきます。

また歳をとったときに歯がほとんど抜けていたりすると、好きなものを食べられなくなり、そのせいで心が落ち込んでいってしまうこともあるのです。

人生１００年を考えれば、健康診断と同様に、定期的に歯科医院に行って検診を受け、クリーニングなどをしておくといいでしょう。

これこそ、本当の予防医学にほかなりません。

お金が不安な未来だからこそ、「いま」に投資する

健康管理までを含めた人間力について、ずっと述べてきましたが、本書の最後に述べておきたいのは、「お金」についてのことです。

ＡＩの時代になり、市場はＧＡＦＡのような一部の企業が独占していく。ますます仕事自体が少なくなっていく中で、私たちは人生１００年時代を迎えてしまう。

年金などが当てにならない現在、お金についての心配は、誰にとっても切実なことに思えます。

とは言え、ここで「お金を節約しよう」などと貯め込んでいては、人間力を育てていくことができません。

大変な時代になるからこそ、自分に対して正しい投資を行い、何倍ものリターンを生涯にわたって受け取っていくような仕組みをつくらねばなりません。

まずあなたは、現在の自分のキャッシュフローというものを考えたことがあるでしょうか？

一体、自分がどのくらいの資産を持ち、月にどのくらいの収入があって、どのくらいの出費があるのか。すでに住宅ローンなどの借金をしている人もいるでしょうが、そこからどのくらいの返済額が月々に出ていくのか……。

経営者感覚ということで言えば、こうしたお金の流れを把握していない経営者というのは考えられません。


人生100年時代に大切なのは、このお金の流れをどのように安定させ、より豊かになるような収支をつくっていくか、ということ。あくまでそれは、自分自身が経営していく感覚で考えていかなければなりません。

株や不動産、あるいはビットコインなど、不労所得があれば、このお金の流れがより安定するのは確かでしょう。

しかし、金融機関などの言いなりになってお金の運用を任せるのは、大切な経営を人任せにすることと同じです。

あくまで自分が勉強し、自分がその仕組みを理解した上で、お金をそこに注ぎ込む。そうでないと、あっという間に大金を失うことになりかねません。

そして、お金を管理した上で、自分に対する投資を惜しまない！

優れた経営者は、不況で資金繰りが苦しくなったときでも、開発投資や人材への投資を惜しみません。苦しい中でもお金を捻出し、新規事業を生み出し、社員を教育していくから、再び浮上することができるのです。

だからあなたも、自分のお金をしっかり管理し、その中のお金で自分に必要な投資することを惜しんではいけません。

収入を上げたら、さらに投資し、その効果をたえず検証していきながら、自分を確実に成長させていけばいいのです。

こうしたことがわかっていれば、これから世の中がどんなに変わろうが、困ることはまったくありません。

つねに成長していくこと。最後にぜひ、心に刻んでください。

あとは、あなたの未来に期待して、「マルチプル超勉強法」の提唱を終えることにしましょう。

【著者プロフィール】

井上裕之（いのうえ・ひろゆき）

歯学博士、経営学博士、経営コンサルタント、コーチ、セラピスト、医療法人社団いのうえ歯科医院理事長、島根大学医学部臨床教授ほか国内6大学客員講師、ニューヨーク大学歯学部インプラントプログラムリーダー、日本コンサルタント協会認定パートナーコンサルタント、世界初のジョセフ・マーフィー・インスティテュート公認グランドマスター。
1963年北海道生まれ。東京歯科大学大学院修了後、「医師として世界レベルの医療を提供したい」という思いのもと、ニューヨーク大学に留学。その後、ペンシルベニア大学、イエテボリ大学などで研鑽を積み、故郷の帯広で開業。その技術は国内外から高く評価されている。
また本業のかたわら、世界中の自己啓発や、経営プログラム、能力開発を徹底的に学び、ジョセフ・マーフィー博士の「潜在意識」と、経営学の権威ピーター・F・ドラッカー博士の「ミッション」を統合させた成功哲学を提唱。「価値ある生き方」を伝える講演家として全国を飛び回っている。著書は累計発行部数130万部を突破。実話から生まれたデビュー作『自分で奇跡を起こす方法』（フォレスト出版）は、テレビ番組「奇跡体験! アンビリバボー！」（フジテレビ）で紹介され、大きな反響を呼ぶ。『なぜかすべてうまくいく1%の人だけが実行している45の習慣』（PHP研究所）、『「学び」を「お金」に変える技術』（かんき出版）、『がんばり屋さんのための、心の整理術』（サンクチュアリ出版）、『「変われない自分」を一瞬で変える本』（きずな出版）、『悪いエネルギーは1ミリも入れない』（すばる舎）などベストセラー多数。
井上裕之公式サイト https://inouehiroyuki.com
井上裕之公式フェイスブック https://www.facebook.com/Dr.inoue
いのうえ歯科医院 http://www.inoue-dental.jp/

マルチプル超勉強法

2019年1月18日　初版発行

著　者――井上裕之

発行者――森山鉄好

発行所――冬至書房
〒150-0011　東京都渋谷区東一丁目27-7 渋谷東KMビル5階
電話 03-6805-0784　FAX 03-6805-0749

印刷・製本――新日本印刷株式会社

ISBN9784-88582-251-3 C0030　Printed in Japan